华章经管

HZBOOKS | Economics Finance Business & Management

全球人力资源权威提炼的**实践指南**

重塑

REINVENTING
▶▶▶ TALENT
MANAGEMENT
Principles and Practices for the New World of Work

人才管理

[美] 爱德华·E. 劳勒三世
（Edward E. Lawler III）　/ 著

何缨　谈茜婧　张洁敏 / 等译

机械工业出版社
China Machine Press

图书在版编目（CIP）数据

重塑人才管理 /（美）爱德华·E. 劳勒三世（Edward E. Lawler Ⅲ）著；何缨等译 . —北京：机械工业出版社，2019.6

书名原文：Reinventing Talent Management：Principles and Practices for the New World of Work

ISBN 978-7-111-62755-5

I. 重… II. ① 爱… ② 何… III. 人才管理－研究 IV. C962

中国版本图书馆 CIP 数据核字（2019）第 095655 号

重塑人才管理

出版发行：机械工业出版社（北京市西城区百万庄大街 22 号　邮政编码：100037）

责任编辑：王宇晴　　　　　　　　　　　　责任校对：殷　虹

印　　刷：北京文昌阁彩色印刷有限责任公司　版　　次：2019 年 7 月第 1 版第 1 次印刷

开　　本：170mm×230mm　1/16　　　　　印　　张：12

书　　号：ISBN 978-7-111-62755-5　　　　定　　价：59.00 元

凡购本书，如有缺页、倒页、脱页，由本社发行部调换

客服热线：（010）68995261　88361066　　　投稿热线：（010）88379007

购书热线：（010）68326294　　　　　　　　读者信箱：hzjg@hzbook.com

版权所有·侵权必究

封底无防伪标均为盗版

本书法律顾问：北京大成律师事务所　韩光 / 邹晓东

献给帕蒂

我的挚爱

我生命之缘由

人才管理突破的最佳指引

人是管理的起点，也是终点。

德鲁克在定义管理的时候，第一句话就是"管理是关于人的管理"。所有的资源都受制于机械原则，唯有人不是，因而卓有成效的管理能够为组织注入生命，让组织生机勃勃。

宁高宁先生对德鲁克的观点深感赞同："在真正的管理学里，人就是全部。比如德鲁克，全都是在说人。也许你会说财务、营销、成本等这些都不提人了，为什么？因为人是所有其他管理行为的前提，假设你已经拥有了最好的团队、最好的体制、最好的管理方法、最好的企业文化，然后再来说其他做事情的方法。但我们的问题是，往往这个假设不存在。我们已经决定了应该怎么做，但等返回来才知道，我们的能力、动力、专业性都不够，这就有问题了。所以说人是管理的起点，也是终点。"

管理的两大永恒难题，第一是外部适应，第二是内部整合。今天，随着社会变化的加速，如何适应、拥抱变化，成了所有组织的核心挑战。为了应对这一挑战，组织唯有重塑人才管理。

本书作者是组织与战略人力资源领域的权威，这本书在人才管理类的书籍中有两个明显的优势。

第一，本书归纳了六条人才管理突破的核心原则。这六条原则总结了顶尖企业实践的可借鉴之处，也指向大部分企业实践的短板。比如，以证据，而非以直觉、臆想为基础，建立基于事实和数据的人才决策体系，这正是谷歌人才管理的优势；对人才进行类别细分，更是与华为人力资源管理纲要 2.0 中的原则不谋而合。

第二，本书提炼出了五个人才管理领域的行动指南。在六条核心原则的基础上，围绕"吸引人才、甄选人才、发展人才、奖励人才、绩效管理"五个方面，作者基于扎实的研究，一一提炼了具体的、可操作的行动指南。这项工作避免了重塑人才管理沦为组织的口号，能够更好地助力勇于变革的组织走完"最后一公里"。

作为负责任的研究人员，为追求逻辑完整，作者在本书开篇的叙述稍显冗长，但瑕不掩瑜，从第 2 章开始渐入佳境。期待本书能够帮助你厘清思路、抓住重塑人才管理的杠杆点。

本书短小精悍，因而推荐也力求简洁。预祝阅读愉快。

康至军

和合咨询创始人

《HR 转型突破》作者

序

为组织工作的那些人通常被称为组织的"雇员""员工"抑或"人力资源"，但我更倾向于使用"人才"这个词来称呼他们，因为我认为相比其他，这个词更能突出这些人具有的角色特点以及组织应该如何管理他们。这些人是组织的高价值资产，而且通常是最高价值的资产，因为组织运作的有效程度是由这些人具备的能力和能够完成的工作决定的。随着时间的推移，他们的技能越来越精湛，组织也越来越需要以能够充分利用并发展这些技能的方式来管理他们。

我们所说的"组织拥有的人才"并非是那些仅仅按照预期完成工作的员工。组织中的"人才"由这样一类人构成：他们能够完成的工作、能够学会的技能以及他们想做的事情，与其他人有明显不同。组织要想确保自身的有效性，就需要以特定的方式对这些"人才"进行管理，从而使其成为帮助组织成功的主要贡献者。那么，这就需要组织有一套异于当今组织中的惯常做法和最佳实践、突破常规的人力管理体系与措施。

现在，大部分组织仍在使用以岗位为基础的官僚层级式人才管理手段，但这早已不适用于今天的工作以及工作者，当然也不会适用于未来的工作和工作者。仅对旧有做法做出调整远远不够，我们需要的是对其进行重新塑造。当前已有相当多的研究表明，哪些人才管理实践以及方案对于新时期的工作及工作者是行之有效的。因此，确认并详述人才管理实践将走向何方、细致阐述某些组织已经在使用的有效实践，这些都已经是完全可能的了。

本书指出了人才管理工作的主要发展方向，并提供了如何跟上这些新趋势的具体方案及措施。书中还考虑了如何对人才管理体系中的关键活动进行设计以及管理，具体包括吸引人才、甄选人才、发展人才、奖励人才以及绩效管理。本书提供了重塑人才管理体系的原则以及实践说明，而重塑的目的是使其能够与组织的战略保持一致，并成为企业竞争优势的关键来源。本书最后阐述了为有效实施新的人才管理体系，组织设计及领导机制需要进行何种调整。

本书适合所有对制定和实施与新时期的工作、工作者和组织形态相匹配的人才管理战略、原则以及实践感兴趣的个人阅读，既包括要承担人才的招聘、发展以及监督指导等职责的各类高管和部门经理，也包括在不同类型、不同规模的组织中服务的人力资源管理专业人士。同时，本书也是为顾问公司、大学中的思想领袖，以及人力资源专业的学生所写，前者是人才管理的原则和实践的驱动者，后者则代表了人才管理的未来。

目 录

第 1 章

巨变中的世界：

工作、工作者、组织的六大变化

在商业世界中，"工作""工作者"以及"组织"这三大因素正在以有增无减的速度经历着重大变化。所有的证据都让我们相信，未来将要发生的变化，不管就其程度还是速度而言，都将持续增加，而其中的大部分将对我们如何培养人才、管理人才产生重大而深远的影响。

概括地说，这些发生在工作、工作者以及组织上的变化，使得大部分在过去被视为优秀的人才管理原则以及实践都变成了明日黄花。这些曾经的优秀或最佳的实践，或者至少算得上还不错的实践，不管是关于人才的招聘、甄选，还是培训、发展，抑或是奖励、评估，都已不再适用于今天的工作者以及工作场所。旧时的战略、实践以及政策已逐渐变得不合时宜，现在的组织所进行的每一项关乎人力资本的管理活动，都需要与时俱进，从而成为适应新时期工作形态⊖的最佳实践。而需要被改变的，甚至还包括不少当今关于激

⊖ 原文为" the world of work"，指工作的多种构成形态，包括不同的工作内容、时间、地点、完成方式等诸多要素、诸多组合，本书将其译为"工作形态"。——译者注

励、选才以及发展人才方面的最佳实践。

　　到目前为止，大部分组织的人才管理原则以及实践，并没有应工作形态的新变化而做出重大变革。这些组织仍然遵循着以岗位为基础的层级管理模型，关注的是岗位描述，寻求的是与相同岗位和年资有关的公平待遇，而管理人才的则是自身变化远远跟不上工作形态变化的人力资源部门⊖（human resources functions）。以上这些现象引出大量批评 HR 部门的书籍以及文章，其中一些直接建议"炸掉人力资源部"（blowing it up）⊜。

　　大量的证据显示，大部分组织中的 HR 部门并非是由战略驱动的，也没有以应有的速度跟上变化。表 1-1 中的数据来自我针对大型组织所做的全球调研。这个调研每隔三年进行一次，主要目的是要了解 HR 高管对于人才管理以及自己所在组织的人才管理实践的看法发生了什么样的变化。在 HR 研究领域，这是在全球范围内衡量 HR 实践变化的唯一研究。研究结果表明，从 1995 年到 2016 年，HR 部门在这么多年中分配时间的比例并未发生显著变化。在每一个我们研究的国家里，HR 都曾经并将继续投入大部分时间来提供保存记录以及行政管理方面的服务。

⊖　原书在提及人力资源工作在组织层面的表述时，除在第 3 章以奈飞等公司举例时使用了一次"HR Department"外，其余全部使用"HR Functions"。本书第 1 章和第 8 章涉及人力资源职能的组织架构问题，为便于理解，在第 1 章中采用常规译法，译为"HR 部门"，第 8 章涉及 HR 职能的拆分，故按原意译为"HR 职能"。——译者注

⊜　出自托马斯·斯图尔特（Thomas A. Stewart）在《财富》1996 年 1 月版发表的专栏文章 *Taking On the Last Bureaucracy：People Need People—But Do They Need Personnel？*。——译者注

表 1-1　目前美国企业的 HR 部门在各角色上的时间占比

HR 角色	平均值							
	1995 年①	1998 年②	2001 年③	2004 年④	2007 年⑤	2010 年⑥	2013 年⑦	2016 年⑧
人事记录维护者 收集、追踪以及维护员工的相关数据	15.4	16.1	14.9	13.2	15.8	13.6	15.2	13.2
稽查 / 管控者 确保企业符合内部运营、规章制度、法律以及工会的合规要求	12.2	11.2	11.4	13.3	11.6	12.5	13.0	12.0
HR 服务提供者 协助实施以及管理各项 HR 实践	31.3⑦	35.0⑤⑦	31.3⑦	32.0④	27.8②	30.4	25.7①②③④	25.9②
新系统以及新实践的开发者 开发新的 HR 系统以及 HR 实践	18.6	19.2	19.3	18.1	19.2	16.7	19.0	20.9⑥
战略性业务合作伙伴 作为管理团队的一员，参与推动战略性的人力资源规划、组织设计以及战略变革工作	22.0	20.3⑥⑦	23.2	23.5	25.6	26.8②	27.1②	28.1②

注：表中 2016 年的数据为新数据，未被收录在 2015 年的书中。
①②③④⑤⑥⑦⑧ 与相应年份存在显著差异（$p \le 0.05$）。

资料来源：Edward E. Lawler Ⅲ and John W. Boudreau, *Global Trends in Human Resource Management: A Twenty-Year Analysis* (Stanford, CA: Stanford University Press, 2015).

不过对于人力资源部门也有一个好消息：**工作形态的变化，不管是已然发生的，还是即将出现的，都是可以被较为准确地识别出来的**。因此，未来的工作形态会变成什么样子，对这个问题我们还是可以得出相对确切的结论的。这也意味着，对于组织将来应该采取怎样的措施来更有效地进行人才管理，我们是可以对其进行详细说明的。

人才管理工作应该越来越以战略为导向、以技能为基础、关注绩效、反应敏捷、重视差异化、避免一概而论，同时更加强调以事实为依据。在详细说明应该如何进行人才管理之前，我们需要理清如今的工作形态都发生了哪些关键的变化，以及这些变化对人才管理的方法提出了什么样的新要求。

商业全球化与竞争不断加剧

现在的组织越来越趋向于在全球化的商业、社会以及政治环境中运营，因为绝大部分大型企业的产品、服务以及客户都是跨国界的。很多行业受进行全球化运营的主要竞争者控制，它们的产品在全球范围内制造，同时销售给遍布全球的客户。这样的情形早已存在于能源、汽车、信息技术等行业中，在主要的服务业（如金融、咨询以及广告业）中同样如此。

当然，还有很多企业是立足本土、非全球化的，但在中国、欧盟以及美国这样的地方，这类企业占当地企业数量的百分比正逐渐下滑。即便是那些没有进行全球化运营的企业，其运作也会受到其他全球化企业的显著影响——本土企业与全球化企业会在劳动力市场上争夺人才，或进行业务往来，甚至在本土市场中直接竞争。

关于过去20年间全球化趋势的增长状况，食品服务业及包裹递送业为我们提供了有趣的案例——这两个行业都在以飞快的速度走向全球化。麦当劳和星巴克是美国国内食品服务企业中的极佳例子，它们都是在相对较短的时间内快速实现全球化运营的。联邦快递公司（FedEx）和联合包裹速递服务公司（UPS）则是随着自身的快递服务走向了全球化。信息技术行业中的主要企业，如谷歌和微软，同样早已成为全球化的组织，反过来这就使得其他企业通过信息技术维系其在全球各地的运营成为可能。

全球化的商业环境最重要的一个特点就是：**它给予商业组织一种能力，使其可以在国际范围内进行采购以及交付产品和服务**。比如，信息技术已经在软件开发、电话销售及客户服务领域实现了在全球范围内搜寻人才的可能。而在全球采购方面，最突出的例子来自制造业——很多产品全部（或者部分）的制造过程，是在低劳动力成本或自然资源容易获取从而使生产成本降低的那些国家中被完成的。由此带来的一个挑战就是：当前，越来越多的企业所面临的竞争已不仅仅来自本土，而是来自全球。不只是制造型企业，服务型企业也同样面临这一挑战。

导致如今的商业环境竞争激烈、更迭快速的一个主要因素，就是金融资本不再遥不可及。风险资本的规模持续增长，以发达国家为甚。因此，想要开办新业务或者拓展现有业务的个人或者组织都能够比以往更轻易地获得融资方面的支持。而且，目前尚未有迹象显示，这样的资本供应会在可见的将来出现下滑，相反，更可能出现的情景是：未来数十年，将会有更多的初创公司涌现，而商业环境也将因此变得竞争更为激烈。

各行各业都将出现更多的竞争者，因为未来将会有更多可开创新业务的技术。关于这一点，有强有力的证据可为其提供支持：在信息技术行业，我们看到智能手机、个人电脑、平板电脑逐步取代了打字机、电话、算术计算器、大型计算机，社交媒体不断催生出新业务，而这些情况极有可能也发生在其他领域。

商业的全球化使得人才成为一项全球性资源，从而对组织提出了很多关于人才管理的问题。组织越来越需要，也越来越能够选择在"合适"的地点招聘"合适"的人才，而所谓"合适"的地点就是指可以用最优成本获取人才，同时确保组织具有足够竞争力的地方。这些组织不仅要在全球范围内获取人才，还需要就如何管理来自不同文化背景的人才进行战略决策。这意味着越来越多的组织需要在全球范围内更有效地管理人才，处理在不同政体、不同文化（以及多种文化带来的复杂性）背景下出现的各种人才管理问题。

全球化的商业环境带来的最大影响，可能在于组织需要持续改善其经营绩效。今天能够做到的最好到了明天未必依然是最好。数十年前的质量管理文献早已在提倡持续改善时指出了这一点，同样的道理时至今日仍然适用。**事实上，组织不仅需要持续改善，还时常需要大刀阔斧地改善，不仅在质量方面，还要在速度、成本以及创新方面进行改善。**

技术成为主要的颠覆力量

当我们谈及未来工作完成方式、时间、地点以及应该如何对这些要素进行管理等方面时，技术，特别是信息技术和智能运算方面的技术，将会成为主要的颠覆力量。很多以前由人类承担的那些重复单调的工作将借助技术完成，而这一变化又使得几乎所有组织的内部沟通都发生了巨大的变化。这些变化都将对工作内容、工作时间、工作地点以及管理方式等方面产生持续的重大影响。事实上，在很多情况下，已经有很多人能够借助技术在任何地点、任何时间，甚至与任何人合作完成工作。

现在已经没有多少人会怀疑我们只是处在信息技术革命的开始阶段了。在接下来的数十年里，人们工作的内容、时间、地点以及方式将会发生持续且巨大的变化。同样，监督及衡量人们绩效的方式也必然会发生改变。

组织越来越需要具备快速调整工作内容、工作方式以及完成时间、交付地点和交付质量等管理要素的能力，也需要拥有快速决策

"谁对工作负责"这一问题的能力。当新技术使某些产品、服务及其生产交付方式落伍时，组织必须能够随之而变。正如今天已经没有人会坐在打字机前准备信件，未来的人们也很可能不会再坐在传统的个人电脑前发送电子邮件。将来不可避免的是，制造类的工作必然会越来越多地由智能化的机器来完成，而且承担这些制造任务的组织也不会再简单地以劳动力成本为依据在全球分布产品制造地点，它们会考虑当地劳动力的质量、区域特性以及这些国家的基础设施建设和技术发展的情况。

技术不仅推动着经济的发展，而且还使得组织能够更多地通过在线社区众包（crowd sourcing）⊖的方式与兼职者、自由职业者合作，雇用他们完成一直以来都是由全职员工完成的工作。"应用经济"（App economy）⊖的时代已经来临，这为组织创造了选择多种雇用关系的机会，而这些关系是灵活的、可以被随时调整的，组织能够根据自身对熟练工或非熟练工的工作需求的实时变化来选择最为合适的雇用方式。

技术还影响着员工完成工作的地点和方式。我们所经历的只是这场技术革命的开端。在技术的帮助下，人们拥有相应的能力与工

⊖ 众包是指从一广泛群体，尤其是从在线社区中，获取所需想法、服务或内容贡献的实践。——译者注

⊖ "App"是指运行在智能手机、平板电脑上的小型应用程序，其类型包括游戏、社交、教育、商务、办公、娱乐等。为了能够向用户提供更具有互动性的体验，社交网站和移动操作系统将它们的平台开放给开发者，开发者可以通过开放平台创建和销售自建内容以便获得收益。这种经济形态被称为"应用经济"。——译者注

具来完成各种工作，不受时间限制，与世界各地的人进行连接与合作的可能性也将越来越大。对组织而言，一个关键的问题在于：在未来，员工虽然可能不在同一个工作地点办公，但他们能够通过技术与同事进行简易快速的沟通，对于这样的员工队伍，组织应如何发展他们？如何确保他们之间的协作？又如何评估他们的绩效？

计算机硬件、算法以及数据分析技术方面的进步将增加机器能够完成的工作类型，还能够把多种以往需要靠个人完成的工作转变为以技术为基础的程序化操作。如今的智能计算机已经能够进行自我学习、参与复杂的游戏、回应顾客要求、进行复杂的医疗诊断甚至实施一些外科手术。这一领域中的变化将会不断加速，正如我们看到的，数字助手已经有能力根据语音指示提供越来越多的服务，IBM 的"沃森"（Watson）⊖计算系统也已经发展得相当成熟。除此之外，互联网创造了一个这样的世界：机器能够互相连接，并从事曾经只有人类才能够完成的任务。比如，3D 打印正改变着制造业的面貌，虚拟现实（Virtue Reality，VR）技术正在颠覆娱乐业。

对组织而言，挑战在于如何在组织运营及决策的过程中找到"人控"与"机控"的最佳平衡。对于"新技术将如何影响现存工作的数量"这一问题，我们尚不清楚其答案，但随着技术的发展，有一点是清晰可见的，那就是重复性的工作将越来越少，对其的监控

⊖ "沃森"是 IBM 研发的一台能迅速回答涉及双关语和文字游戏等复杂问题的机器，是采用认知计算系统的商业人工智能。2011 年"沃森"在美国最受欢迎的智力问答电视节目《危险边缘》中击败人类智力竞赛冠军，从而广受关注。——译者注

需求也随之减少，因此经理的监督管理职责也将减少。另一个可见的结果是，复杂组织中将有越来越多的"知识工作者"。其他结果还包括：组织将会要求人才在任何时间、任何地点的状态下完成复杂的任务，包括开发新技术、编制新程序。而电脑的分析和决策能力的持续提升将使得越来越多的知识工作由电脑而不是人类来完成。

我们所能得到的最准确的预测显示，就人们工作的方式、地点以及合作伙伴而言，组织面临的颠覆才刚刚开始。技术在解决问题、处理数据、学习、制造产品、监控活动以及连接人群等方面的能力正以极快的速度进行迭代。全球化的组织将引领潮流，利用技术提升自身在成本控制、产品设计、制造、营销、销售以及内部运营方面的有效性。不过，要想实现这一目的，它们就必须在"人才管理"方面也成为变革先驱。

劳动力构成更加多元化

在大部分组织中，劳动力的构成已经发生了很多变化。与十年前相比，这些组织中的劳动力变得相当多元，而我们也相信这种多元化现象在未来将有增无减。在发达国家，由于国家现有法律禁止基于年龄、种族、性取向、性别或者性别认同等因素而歧视他人，情况更是如此。另一个推动劳动力多元化的主要因素是，技术和管理方面的教育日益强调提高少数族裔和女性的参与程度。此外，劳动力的年龄跨度将越来越大，性别比例也在发生变化，未来会有更多的跨性别者以及少数族裔进入劳动力市场。总体来说，就人类的各项重要特征而言，大部分组织的劳动力都将变得更加多元化。

不同年龄的人群对于职业以及组织特点通常会有着不同的看法。这不仅源于年龄和成熟度的差异，还在于不同年代的人们即使处于相同的年纪，所体验、经历的事情也各不相同。因此，每个年龄层的人对工作的看法，与其他年龄层的人都不一样。很可能新生代与上一代人在相同年龄阶段的想法、采取的行动以及对工作和职业的态度方面都大相径庭。同样的结论也适用于未来的新生代，因为世界本身就在不断地变化。

反对年龄歧视方面的法案，以及"预计人口寿命延长"所带来的全面影响使组织感受到了初露端倪的压力。这些因素一方面使更多的人延迟退休，一直工作到七八十岁，这也意味着劳动力构成中的年龄组合将更加多元化；另一方面，随着医疗系统的改善和人类预计寿命的持续延长，年龄组合多元化的现象也将日益变得普遍，尤其是在医疗水平将得到大幅改善的发展中国家。另外，人们为了"负担"退休后的生活而产生的对赚取足够积蓄的需求也可能导致职业生涯的延长。

当涉及与年龄相关的员工需求时，组织不能再假设自己面对的是一群同类型的员工了。组织需要能够管理来自各个年龄层的成年人。

总之，组织必须有能力管理不同年龄、不同性别、不同种族、不同性取向以及不同国籍的员工。由此可知，未来在人才管理方面仍然采取"一码通吃"策略的组织，将寥寥可数。

"可持续发展"表现越来越重要

过去几十年以来，对组织绩效"表现良好"的定义已经涵盖了更广的范畴。组织仅关注产品和服务质量的提升以及经济效益的增长是不够的，社会对组织日渐增加的要求还使得组织必须仔细考虑对自身所处环境、社区、员工适用何种政策，以及产生何种影响。

十年来，要求各类组织提升在社会以及环境方面的表现的社会运动保持了相当的势头，并将持续下去。其结果就是政府颁布新的法律，其中涉及污染控制以及如何对待员工。这一点毫无疑问给发达国家的企业带来了巨大的压力。这些企业迫于压力，必须在环保以及员工政策方面改变其本身的运作方式，同时也要改变其位于发展中国家的供应商以及分支机构的运作和经营方式。

随着全世界对于企业在"可持续发展"方面表现的重要性的认识越来越深入，人们开始要求企业针对它们对周边环境、员工以及所处社区产生的全球性影响承担相应责任，即满足所谓的"三重底线标准"（triple-bottom-line）⊖并提交相应报告。目前，这一标准的

⊖　"三重底线"简称 TBL 或者 3BL，是指经济底线、环境底线和社会底线，即企业必须履行最基本的经济责任、环境责任和社会责任。三重底线报告是在包含了三部分内容的会计框架下，将社会、环境和财务业绩三个维度进行整合并对外发布的公开报告。——译者注

影响范围越来越广。尽管目前无论是发达国家还是发展中国家，大部分企业都还没有采用这一标准，但朝着这一方向发展已经成为必然趋势。

积极采用"三重底线"绩效认责制的典型组织包括谷歌、星巴克以及联合利华，这些企业走在潮流前端并展示出了积极的结果。它们越成功，其他企业压力就会越来越大。这个压力源于其他企业要跟随这些走在潮流前端的企业采用"三重底线"绩效认责制，并且在所有"可持续发展"方面表现良好。

变化不断加速

到目前为止，我们所讨论的发生在全球化、多元化、技术突破以及可持续发展这些方面的诸多变化，都指向了一个极其明显且重要的事实：传统的组织设计模型以及人才管理方法发生的变化，速度将持续加快，并极具颠覆性。目前大部分的人才管理以及组织设计所使用的模型都基于这样一种假设，即变化是不定期的、偶然的。这就意味着，这些模型需要先对情况进行分析，然后制定实施变革的计划，接着保持一段时间的稳定，直到下一次变革的发生。

如今已经众所周知的是，传统的变革模型已经不合时宜，因为其产生作用所需的时间太长。现在我们需要的是连续性的变革方法，目的是使组织能够敏捷地改变自身的运作方式以适应外界的变化。组织已不可能再像以前一样，依靠平稳期来完善变革，然后再计划下一个变革的实施。相反，组织必须不断地进行试验，调整其所从事的业务内容以及运营方式，以便及时响应快速更迭的外部环境。为了实现这一目的，组织就需要有相应的人才管理举措来支持持续性的试验、保持自身敏捷和适应变化。

人才的谈判地位日益提高

过去几十年来，很多首席执行官（CEO）及其他高管都曾经说过：人才是组织最重要的资产。事实上，对他们中的大部分来说，这都是言不符实的。因为，显而易见，这一理念并没有体现在他们的行为上。然而，也确实有一些组织，对于它们，人才一直以来都是最关键的资源，它们也能够以与之匹配的举措管理自己的人才。不管怎样，在未来，人才必将成为所有组织最重要的资产。简而言之，组织从事的业务不断变化，其面对的外部环境也变化迅速、竞争激烈，这将使那些缺少合适人才的组织难以为继，而这类组织的数量所占比例相当大。**因此，我们认为人才必将成为决定组织存亡的重要资产。**

对大部分组织来说，人才一直是主要的费用支出项。在发达国家存在一种共识，即一家典型组织在薪酬和福利方面的支出将占到总成本的70%，如果再加上招聘以及管理人才的成本，人工成本的支出将远远超过 70%。因此，在管理薪酬、福利、人员编制以及工作绩效方面有合理的举措对组织而言是有积极意义的。

不过，现在的情况已经发生了改变。本章前面提到的涉及"工作"和"组织"的变化意味着关于人才方面的决策将日渐成为影响组织经营绩效的决定性因素，而不再仅仅是影响组织成本的其中一项关键因素。员工绩效的有效性高低将直接导致组织整体绩效表现的优劣。因此，更胜一筹的人才管理举措将产生更好的组织绩效。能够吸引和保留合适人才，并以正确的方式对待、奖励、发展和使用这些人才的组织，其绩效表现将比那些只追求填补岗位空缺的组织要好得多。

无可否认的是，对于某些组织而言，人才并不会对组织的经营绩效表现有特别大的影响。很多层级式的组织被设计成不需要个人表现优异的架构，这些组织中的员工只需要表现得合乎要求就可以了。在生产制造、数据录入以及维修保养领域，有很多简单的、重复性的工作，员工也没有机会表现得特别优异。在这样的组织中，某些员工表现优异并不能为组织带来多少好处，员工的表现只要合乎要求就足够了。对于组织里那些不会对经营绩效产生重大影响的工作岗位而言，这种观念的确无可厚非。

然而，一旦组织的经营绩效取决于先进的技术、知识型工作以及高附加值的任务，情形就不一样了。比如，在高新技术、金融服务、娱乐业以及许多其他领域中，最好的人才能对组织的经营绩效产生显著的影响，因此他们带来的价值会比其他普通人才要多很多倍。同样地，在客户服务领域，如果员工需要与知识广博、眼光敏锐的客户打交道，那么顾客对服务的评价是"尚可"还是"出类拔萃"将对组织的财务业绩有着直接的重大影响。因此，对于这样的组织，关注绩效出类拔萃的员工而不是绩效一般的员工，以及吸引、保留、发展高绩效员工就成了理所当然的事情。

全球化以及工作复杂度的增加这两项额外的变化导致人才日益成为组织的一个关键资源。这两个因素使组织和工作都变得更为复杂，而人才想要在组织中有良好的绩效表现，就需要对管理、组织效能、全球经济现状以及当地的文化习俗有着更广泛的了解。这就意味着获取合适的人才将比以往更为困难，但同时也意味着如果组织能够获得并有效管理这样的人才，就能够获得显而易见的竞争优势。

就今天以及未来的工作模式而言，在组织吸引以及保留合适人才方面需要补充的一点是：组织在这方面投入的成本越来越高，而且还将水涨船高。当然，培训员工、人才流失以及寻找替代者的成本往往与需要填补空缺的岗位的工作复杂度相关。对某些简单岗位来说，这一项成本通常只相当于几周的工资，因此这些岗位即便有着很高的流失率，也不会成为组织的主要成本。但是，工作复杂度高的岗位需要的是拥有特定才能、受过良好培训的人才，这种需求使得这种岗位的流失成本要高得多，通常相当于6～12个月的工资。

　　尤为重要的是，从事知识性工作以及复杂客户服务的组织，必须在吸引、保留、发展合适人才方面出类拔萃。仅仅是因此降低的流失成本就能够帮助它们获得竞争优势，但与拥有一批动力十足、敬业度高、知识广博的员工队伍所带来的组织绩效的提升相比，这种成本的降低只能算是最微不足道的收益。

　　人才成为组织效能的重要决定因素这一现象带来的直接影响就是，人才获得了更为有利的谈判地位——才能出众的人往往可以在商谈雇用合同时"自定身价"。过去几十年以来，这在运动界和娱乐业已经成为常态，也因此让我们看到一些令人瞠目结舌的薪酬和福利方案。现在这一现象也已扩及"明星"级的高管以及技术专家这类人群。随着组织在生产产品、从事业务以及提供服务方面的复杂程度日益增加，大部分组织都会需要越来越多这样的高能人才。因此，未来很多组织的有效性将取决于它们能够在多大程度上吸引、保留、发展以及管理这些重要的人才，而且这样的组织的数量会越来越多。

　　最后，外部环境的变化速度，以及组织为了应对这些变化而必须具备的敏捷性，使得保持人才管理的敏捷性变得日渐重要。我们面对的很大一种可能，就是昨天的人才未必是明天我们所需要的人才。因此，组织需要反应敏捷的人才管理举措，让自身可以持续且频繁地调整其员工队伍需要具有的技能。人才管理敏捷性对组织而言是一项不太容易发展的能力，同时也使得有效管理人才变得日益困难。这就要求组织能够以敏捷的视角来看待人才管理事务，比如在薪酬、培训和发展、职业安全感等方面的管理，以及对兼职、长期雇用以及临时雇用等不同用工方法的使用。

本章小结

对于近年来在"工作""工作者"以及"组织"领域发生的主要变化，我们从每一种变化对人才管理举措的"重要性"及其"发展速度"这两个维度对它们进行了评估，见表 1-2。

表 1-2　主要变化：重要性和增长速度

	重要性	增长速度
全球化	非常重要	中速
技术	非常重要	快速
多元化	中等重要	缓慢
可持续发展	中等重要	中速
变化 / 敏捷性	非常重要	快速
人才关键性	非常重要	中速

Copyright © Edward E. Lawler Ⅲ and Center for Effective Organizations at USC.

工作以及组织的"全球化"在"重要性"方面被评估为"非常重要"，这反映了"全球化"对工作者本身以及如何管理这些工作者方面产生的巨大影响。我们预计"全球化"这一趋势在未来十年中的发展速度是"中速"。因为全球仍然有一部分地区还没有进入世界经济的版图，即使在可见的未来也不会有所改变。但在很多地区，将会出现更多受过教育的工作者，他们将会从事此前从未在这些地方出现过的工作。因此，考虑到政治方面的不稳定因素可能会导致某些地区全球化进程的放缓（但又不至于影响整个全球商业世界），"全球化"在发展速度方面被评为"中速"。

"技术"是决定工作以及组织在未来会成为什么样子的重要影响因素，因此在"重要性"上被评为"非常重要"。这反映了一个趋势，即以下这些技术领域将以可预见的加速度取得重大进展——信息技术、机器人技术、可持续能源生产、运输方式变革以及制造能力变革。这样的评估也代表了技术在改变人们所从事工作的性质、工作方式以及如何承担责任这些方面所具有的威力。在发展速度方面，"技术"被评为"快速"，因为从通信到能源生产，这些领域中非常可能会出现具有颠覆性的产品。

"多元化"的重要性评估等级为"中等重要"，原因在于，尽管"多元化"程度的加深要求人才管理举措进行重大变革，却不如"技术"和"全球化"带来的影响那般可观。在未来的发展速度方面，其评估级别为"缓慢"，因为让更多不同类型的个人（比如少数族裔、外国人）加入组织成为劳动力，这在很多国家已经并且会持续成为巨大的挑战。

商业模式的"可持续发展"特征正在成为趋势，它对"人才管理"的影响在重要性方面被评估为"中等重要"，在未来的发展速度方面也被评估为"中速"。因为就某些个人而言，这将是选择职业生涯和工作的重要考量因素，但它尚未成为重要的普遍性议题。同样，商业模式向"可持续发展"的转变，会导致某些组织运营方式改变，但不会在短时间内成为大部分组织的主要目标。原因很清楚：

尽管在很多发达国家，已有日渐高涨的呼声要求企业以更具可持续性的方式来经营，但这一点还没有成为全球范围内的重要优先事项（尽管这是理所应当的事）。世界上还有很多国家并未就"可持续发展"做出郑重承诺，因此，企业对"可持续发展"方面的关注度就不太可能很快发生变化。

"变化"在重要性和发展速度方面的评估结果分别是"非常重要"及"快速"。这一评估结果反映出的是全球化、技术、可持续发展这三个主要驱动因素在决定组织如何运营及影响其经营绩效时产生的累积效应。我们有充分的理由相信，这三种力量的结合将持续增强它们的影响力，并对组织以及人才管理的流程提出新的要求——更为敏捷、更为灵活。

最后一项是"人才关键性"。它在重要性方面被评为"非常重要"的原因是：正在发生的诸多变化都会使"人才"对组织的有效性更具价值、更为关键，而这些变化本身也要求我们在"如何管理组织"方面做出重大变革。在发展速度方面，"人才关键性"被评为"中速"，这表示即便人才的关键性不会被以极快的速度提升，"技术""多元化"和"变化"这些因素也会要求组织更有效地利用人才、发展人才以及制定更具敏捷性的人才管理措施。

正如表 1-2 所示，"工作""工作者"以及"组织"这三者的组合在未来将走向何方已经不是雾里看花。商业世界将变得更为多元、更具竞争性、更复杂，管理工作将更具挑战性，劳动力的构成也将更加多元，还会有越来越多的颠覆性技术。商业环境对于企业可持续发展的要求会不断提高，对于竞争性人才的需求也会越来越强烈。所有这些变化的聚集将创造出新的工作形态，因此，组织需要新的人才管理原则及举措。

我们的挑战在于，创造出新的组织，而这一组织实施的人才管理体系能够应对这些变化。人才管理必须成为组织的优先事项，因为它可以成为组织竞争优势的主要来源，而一旦管理不善，则会成为组织的致命缺陷。这也真正印证了 CEO 信奉的那句格言："人才是我们最重要的资产。"**今天和未来的挑战就是将这些哲思转化成为人才管理和组织设计的具体方法，以体现这一观点并将其有效地付诸行动。**

第 2 章

VUCA 时代人才管理的六大原则

今时今日在世界上发生着的各种巨变极大地改变了工作和组织的形式，以至于传统的人才管理措施在大部分情况下已经过时，即使目前还没被淘汰，也已经在被淘汰的路上了。在这些传统举措产生的年代，很多业务是稳定、可预见的，管理模式中常见的是科层制与传统的财务问责制，信息技术鲜有应用，整个商业世界的变化相当缓慢。当今的世界已大为不同：变化快速、多元化、人力资本日益彰显战略重要性、全球化、三重底线问责制以及科技的颠覆性突破。在今天的绝大多数企业中，这些变化都有迹可循，其中还有很多可以说占据了主流。

人才管理工作要能够响应当今在组织、工作以及工作者这三方面所发生的变化（包括已发生的以及将要发生的），就需要进行变革。要想实现这个目标，组织需要以人才管理六大原则作为指引，本章中我们将对其逐一进行阐述。这些原则应该成为一个组织所采用的全部人才管理实践和体系的基础。

原则一：战略与人才双向驱动

如图 2-1 所示，人才管理工作是由组织的"战略"以及为了使该战略成功实施所需要的"能力"这两个因素驱动的。组织的战略能否成功取决于组织的战略实施能力，而战略能否顺利实施则取决于组织中"人才"的执行能力。因此，组织需要确保自己在人才管理方面的举措能够满足自己在战略能力（例如敏捷性、低成本制造等）方面的需求。如果战略实施能力方面的需求不能得到人才管理的支持，那么组织就需要对其战略做出调整。战略与人才之间的这种关系也就解释了为什么在图 2-1 中"战略"与"战略能力"之间的箭头是双向的。

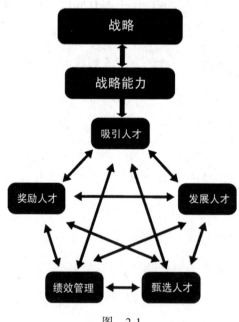

图　2-1

图 2-1 同时还指出了人才管理体系中五个最重要的领域。就某种程度而言，这些领域之间是相互独立、互不相关的（在本书中，它们也是独立成章的）。然而在更多的时候，这些领域之间是互为依存、互相匹配的。因此，图 2-1 中的这五大领域同样也由双向箭头连接起来，我们在探究每一领域时，都会考虑这一领域与其他领域之间的匹配问题。一个组织，只有当它的人才管理举措能够与它的战略相匹配，并且这些举措相互之间能够协同作用，真正构成一套"整合的人才管理体系"时，它才能成为一个"有效的组织"。

人才已经成为很多企业的关键资源，这一事实使得大部分企业不得不将"人才"作为经营战略的决定性因素，并且要以能够支撑战略实施的方式来管理人才。很多关于人才管理的文章都强调企业的人才管理实践应由战略驱动，考虑到人才对战略实施的重要性，我们不能说这一观点不对。但一项战略要想成功，就需要有恰当的人才管理实践予以支撑。然而，"战略决定人才管理"这种观点却未必是描述或者考虑两者相互作用的最佳认识。

是的，人才管理体系的设计会受组织战略的影响，但同时，组织可获取的人才，以及对这些人才的管理方式，也会驱使战略发生变化。我们知道，基于财务、市场营销、生产等方面的错误假设而制定的战略很可能导致组织乏善可陈的绩效表现。同样地，一项战略，如果因为人才数量或能力不足而导致其不能得到有效实施或执行，那它也不能算是一项好战略，它同样可能导致组织的绩效表现不佳。

　　"人才驱动商业战略"最显而易见的领域可能要属"人才获取"。任何战略的实施，关键都在于组织是否有能力招聘到或者发展出能够实施战略并使其正常运作的人才。因此，每一个组织在制定战略之前都必须问这样一些问题：什么样的人是组织需要的"正确的"人才？组织是否拥有这样的人才？如果没有，组织是否能够招聘到或者发展出实施战略所需要的人才？组织能否构建人才管理体系、设计人才管理举措，从而使组织所需要的人才能够得到有效激励，并愿意对提升组织的有效性做出承诺？如果最后两个问题的答案中有一个是否定的，那就意味着此项战略将无法被有效实施，因此组织不应该予以采纳。

　　组织希望招聘到能够为其实施战略的人才，但这会遇到相当多的挑战。比如，组织在当地劳动力市场上找不到拥有组织所需技能的那类人才，或者组织遇到了合适人才，但没有足够的资源提供有吸引力的要约。还有很多原因会导致组织无法发展出自己需要的人才，包括现有员工在发展新技能、新素质方面的意愿不足、能力不足，或者是组织缺乏专业力量来针对现有员工和新员工这两类不同的对象发展新技能。

　　在建立一个新组织时，"招聘新人才"与"获取金融资本"这两类工作的关键成功因素有许多共同之处。新组织没有历史可循，因此只能向人才兜售未来的回报。因此"无法吸引到获取成功所需要的合适人才"成为初创企业失败的主要原因之一也就不足为怪了。

谈到人才的可获取性，组织首先应考虑的就是要有多种方式"接入"人才，使其为组织所用。出于对敏捷性、成本以及可获取性等诸多方面的考量，组织获取所需人才的最佳方式并不一定是与其建立全职的长期雇用关系。组织需要考虑其他种类繁多的人才获取方式，包括当今可见的以及可预见的在不远的未来可采用的方式。其中包括了劳务工（contract employee）、"零工经济"从业者⊖（gig worker，以下简称为"零工从业者"）、从其他组织借用人才、通过中介机构雇用临时工以及其他多种临时获取人才的方法。组织越来越有必要将自己看作由不断变化的团队组成的机构，即通过组合不同的人才来满足不断变化的市场对组织绩效表现的要求。

组织在经营战略进入实施阶段时要考虑人才的可获取性，这一行为正变得日渐普及。组织开展运营的地点，也正越来越多地受到人才可获取性的影响。同时，越来越多的组织开始采用科技手段使人才可以在任何时间、任何地点为组织服务。

大部分企业高管已经意识到，实施一项战略不仅需要合适的人才，还需要组织去激励和指引这些人才，从而使其行为符合战略要求。但是，"使人才的行为符合战略要求"究竟意味着什么？组织又如何做到这一点？这些问题并不总是在制定战略的阶段就能够被考虑周全，相反，组织往往将这一任务留给"以后"。

⊖　零工经济（gig economy）是由工作量不多的自由职业者构成的经济领域，利用互联网和移动技术快速匹配供需方，主要包括群体工作和经应用程序接洽的按需工作两种形式。"零工经济"从业者指利用网站或应用程序承揽零碎工作的人。——译者注

然而，将人才管理的事务留到以后会带来巨大的风险，因为在这种情况下被设计出的组织不太可能包含那种有利于经营战略实施的人才管理举措。组织在制定战略的阶段就应直面如何获取及管理合适人才的问题，只有这样，这一战略才有可能在实施阶段获得成功。接下来的问题则是：我们所在的组织有人才管理举措吗？如果没有，我们有能力实施合适的人才管理举措吗？

简单地采用一系列关于报酬、绩效管理、招聘、甄选与发展等领域的最佳实践，从来都不是建立一套契合战略的人才管理体系的最佳答案。因为不同的战略需要不同的体系来支撑。组织必须首先理解人才管理举措有哪些选项，以及这些已经存在的人才管理举措将如何影响个人与组织的行为。

总之，设计战略性的人才管理举措是一项既关键又极具挑战的任务。要顺利完成任务，就需要拥有关于人才管理各类方法的广博知识，并对这些方法与组织文化、工作胜任力以及落实和运行战略所需要的组织能力等因素之间的关系有着相当程度的理解。完成这项任务还需要我们意识到：所有的人才管理举措都有可能很快落伍，尤其是在目前工作和组织如此快速变化的情况下。当前时代，能够解决所有人才管理问题，或者在数年甚至数十年间都能够为战略服务的"万金油"式人才管理实践已经基本绝迹。

原则二：以技能和胜任力为基础

传统的组织是以岗位为导向，以层级思维为基础建立的。因此，员工接受的待遇和管理方式更多取决于他们所在的岗位（从事的工作），而不是他们的绩效表现、技能、胜任力及个人需求。这样的做法在过去那些传统的层级官僚组织中可能无可厚非，但在今天的工作场景中却已不大合适，遑论未来。当今的人才管理体系要想确保组织能够有效运作并能应对外部环境的不断变化，最为重要的事情就是聚焦于个人的需求、技能和工作胜任力进行体系设计。这就意味着，组织既要聚焦于个人已有的技能，也要聚焦于组织为保持自身有效性所需要的技能，并以敏捷、契合战略的方式发展。

在基于岗位设计的人才管理体系中，人才所在的层级位置通常是决定他们工作待遇的首要因素，待遇差异通常体现在如下因素上：薪酬结构与薪酬水平、甄选程序、可参加的培训、人才流动⊖、停车位、办公地点、办公室使用的家具类型等。而在基于技能及胜任力而设计的人才管理体系中，关键的驱动因素如薪酬、招聘与甄选、培训与发展、工作地点以及员工待遇全都发生了变化。后面这种体系聚焦于如何使员工个人所拥有的技能与组织有效运作所需要的技能对应起来。组织需要把更多注意力放在确定及发展所需技能方面，即确定哪些技能会对绩效产生重大影响以及如何发展这些技能。

⊖　人才流动（talent mobility）指人员在企业内跨地域、跨业务、跨职能发展，配合公司的业务需求、客户需求，同时企业为员工提供更多的职业发展机会。——译者注

前文提到今天的组织需要具备两项能力：一是与其战略相匹配的创造绩效的能力，二是根据战略需要及时调整"战略能力"的能力。但是，要发展这两项能力，组织就必须拥有聚焦技能和胜任力的人才管理体系。如此一来，建立以技能和胜任力为基础的人才管理体系以及具体举措，对于组织来说就是重要而紧急的任务了。

原则三：聚焦个人绩效对组织绩效与竞争优势的影响

组织中的人才管理体系主要聚焦于要成功实现战略，它的人才需要创造出怎样的优异绩效。这里的"优异绩效"既包括个人的卓越表现，也包括某个团队、业务单元或整个组织的优秀绩效。大部分层级制的人才管理体系都没有考虑组织中不同种类的绩效表现出的复杂性和重要性差异。这类组织通常会承诺对"绩效最优者"给予晋升、增加基于个人特质的奖金等激励，但对"绩效"优劣的衡量则基于工作年资，这并不是正确的做法，尤其是当组织在选择晋升对象时，以及在建立一套能够支持组织效能的人才管理体系时。因为这种做法忽略了或者没能聚焦于那些保证组织效能所需要的关键绩效行为，以及能够激发人才发展动力的激励因素，而它们才是人才管理体系应该关注的重点。

那么，要建立聚焦于"绩效"和"发展"这两点的人才管理体系，组织就要对成功实施战略所需要的个人层面、团队层面以及整个组织层面的绩效表现进行战略性的分析，分析的结果会呈现出组织有效运作所需要的各层级、各细分人群分别应展现的行为，接下来通过一个特定流程来激励和促使这些行为发生。这就意味着这些行为也需要成为组织构建奖励机制、人才招聘与发展机制时应考虑的关键因素。

举个例子，在某家企业，合作及团队行为是非常重要的。对这家企业来说，正确的奖励机制应该是基于团队或者组织整体结果的奖励计划，比如利润分享或者股票期权计划，而不是传统的基于个人绩效结果的加薪计划。这家企业的人才管理体系还应该包括聚焦于团队协作行为的培训和发展项目。另外，它还可能涉及招聘与选才体系，选才体系的目标就是招聘到能够在团队作战式的组织中表现良好的人才。

吸引和保留拥有关键技能的高绩效员工是所有组织都应具备的关键项，这也与当今世界的现实紧密相连：在如今的组织中，关键贡献者的个人绩效对组织的整体绩效产生着越来越重要的影响。由于工作及组织日渐复杂，员工个体正渐渐成为区分一家组织是成功的、勉强生存的还是失败的重要差异所在。现实就是，组织中的员工会因其个人的绩效表现对组织的整体表现有着重大的影响而走上关键岗位，而且这样的人越来越多。

现在的趋势是，仅仅让员工完成工作任务已经远远不够。就很多种类的工作而言，员工的工作成果（质量、速度等）都需要优于竞争者。这就需要人才管理体系能够有选择地、策略性地聚焦于个人绩效、团队绩效以及组织整体绩效，只有这样才能实现"优于竞争者"这一目的。尤其需要关注的是这类工作：工作成果会因承担工作的对象不同而产生巨大差异，同时工作成果也会对组织的整体绩效产生关键性的影响。也就是说，那些因个人和团队不同而使工作成果呈现巨大差异的战略性工作，恰恰是正确的人才管理体系能够对组织绩效产生最大程度积极影响的杠杆点所在。

整体而言，人才管理的各项举措之间需要协同一致，并要与组织的战略及架构相得益彰，从而创建一种高绩效的个体与组织的混合体，它能够产出足够好的绩效以使组织与众不同。要实现这一点，人才管理体系就必须聚焦于"胜任力""对绩效的影响力"以及"竞争优势"这些要素，而不是去关注"公平性""资历"以及"岗位等级"这类问题。

原则四：保持组织敏捷性

组织到底需要做什么？完成的质量需要有多好？完成的速度需要有多快？以上这些问题的答案在不断发生变化，而且变化在持续加速。对此，唯一的应对方法是打造一个敏捷组织，而打造敏捷组织的唯一方法是通过人才管理举措来实现人才的敏捷性。

那么人才敏捷性的要求是什么呢？首先，人才管理体系要能够从战略的角度快速地对不断变化的劳动力市场和经营战略情境做出响应。这不是实施一两个提升敏捷性的举措就可以解决的问题，它要求整体的人才管理体系能够使组织可以应对持续且快速的变化，同时在变化中能够有效调整所需人才的种类、数量以及对这些人才的行为要求。

在一个快速变化的环境中，组织涉及的绩效类型及需要达成的绩效水平是多种多样的。因此，我们无法找到一种能够帮助所有组织打造敏捷性的人才管理体系。一般来说，组织通过不断培训、发展其员工也能够建立起一定程度的敏捷性。在汽车制造以及电子通信行业，这样的方法在过去几十年中是能够满足要求的，然而到了今天，却不见得依然有效，因为它已经无法满足组织在变化速度、变化幅度方面的需求。同时，这种方法的成本可能非常高昂，不仅包括培训费用，还包括员工因参加培训而损失的工作时间这种间接成本。要想以更低的成本更快地进行变革，这些行业就需要采用别的方法来改善其人才供应，其他行业也是如此，比如直接聘用已经拥有组织所需技能的个人，或者使用非雇用关系的人才。

对组织而言，最佳方法取决于其所处行业的特性、所面临的劳动力市场的供需情况，以及组织自身对变化速度、变化类型的需求。毫无疑问的是，组织的人才管理政策和举措应该由组织所面临的变化的类别以及组织对人才、绩效的特定要求来驱动。一旦确定了这些因素，接下来组织就需要确定奖励体系、职业发展项目、选才方法、用工模式以及其他人才管理体系及举措，而最终目的就是要帮助组织建立起应对环境变化所需要的敏捷性。

在历史上，包括通用电气和 IBM 在内的许多组织都因为它们为人才提供的职业发展通道以及能力发展项目而受到外界的普遍赞誉。它们为人才提供的是可以长期发展的事业，而不仅仅是一份工作，并且会给予人才大量的发展和培训经历。它们的很多奖励是基于年资以及岗位等级而定的，例如，当员工为企业服务的时间达到 25 年时，他们可能会获得一枚金表作为奖励。回到今天，变化如此快速的环境已经使这些方法中的许多内容不合时宜了。正如前面所提到的，在很多情况下，仅靠培训和发展项目来改变人才供应是无法满足组织快速变革的需求的。正因如此，组织不可能再对员工承诺长期的职业规划，更不用说就业保障了。

现在的组织能够承诺其员工的，是给予其关于组织当前的业务和人才需求的信息，并就这些需求发生的变化及时更新。再进一步，组织也可将自身打造成为具有吸引力的工作场所，以吸引那些拥有组织在特定阶段所需技能的人才加入或留在组织中。另外，组织还可以采用奈飞公司（Netflix）[⊖]在离职补偿金方面的做法：公司承诺员工在工作期间享有高额的薪水，如果公司不再需要员工的服务，公司将会给予员工相当可观的离职补偿；但公司不能，也不会向员工承诺长期的就业保障。这种举措的原因显而易见：奈飞公司与很多组织一样，无法非常准确地预测商业环境的走向，也就无法准确预测公司未来需要什么样的人才。

⊖　奈飞公司是一家在线影片租赁提供商，成立于 1997 年，总部位于美国加利福尼亚州。在"2017 年 BrandZ 最具价值全球品牌 100 强"中名列第 92 位。——译者注

大部分组织能做的就是控制今天发生的事情，采取敏捷的人才管理举措以应对变化。它们知道人员的配置将会以自己无法预测的方式发生变化。因此，与其和员工谈论就业保障，不如向员工承诺完全的信息公开，告知员工组织的未来规划是什么样子，并根据组织的经营状况给予员工合理的待遇。

想要在组织中创造敏捷的人才管理文化，仅仅改变人才管理体系中的某一部分是不够的，从吸引人才、甄选人才的流程到绩效管理流程，体系中的每个部分都需要改变。重点不应该是长期承诺，而应该是如何沟通组织中的人才管理形势，以及组织将会采取什么措施来帮助员工适应可能发生的任何变化。

提升人才管理敏捷性的最大挑战在于如何保持保留人才的措施与给予人才的未来承诺之间的平衡。如果过多侧重于向员工做出未来承诺，而这些员工的技能在将来又会不再适用，那么在短期内这样的承诺可以帮助组织保留这部分员工，但是从长期看却会给组织带来严重的问题，包括不当解雇带来的相关诉讼以及不信任和欺骗的文化。另外，无法保留员工将给组织带来招聘方面的问题、极高的流失率以及流失人才导致的组织机能障碍及成本损失。组织所应建立的人才管理举措，既不能过于强调未来，也不能忽略当下。这些举措带来的工作场所体验和文化必须能够对运作敏捷组织所需的那些人才具有足够的吸引、保留与激励作用。人才管理不能再以资历和职业安全感为基础。

原则五：个性化与区别化管理

大部分组织的人才管理流程和举措都遵循着"标准化和平等待遇"原则，倾向于给予类似岗位的员工相同的待遇。按他们的说法，"标准化"是保证公平的关键，而"公平"是判断人才管理是否算"好"的关键。同质化管理也会给组织带来规模效应，给予所有人相同的待遇能够使培训、人事记录保存以及其他很多人才管理举措更简单、更经济。

当然，"同质化"的确代表了实现公平的一种方法，但它并非是唯一方法，也不一定是最佳方法。取代同质化管理的方法之一就是将"公平"定义为：**以员工需要被对待的方式对待每个个体，而不同的对待方式则取决于员工的具体需要、个人能力、个人绩效以及组织为保持有效性而对员工提出的要求等因素。**根据我们已知的关于未来的组织、工作以及工作者的情况，显然，以同一化的方式对待所有人，不论是从组织效能角度还是从个人偏好角度来看都不是最佳方法。人类生而不同，组织需要聚焦于如何利用这种个体差异性，通过个性化的人才策略来帮助组织达成绩效目标。

劳动力构成持续多元化已成为必然趋势，那种认为"给予员工相似或者完全一样待遇的管理实践是最佳实践"的想法已被宣告无效。对 75 岁的老人有用的，对 25 岁的年轻人未必同样有用，即使这两个人可能从事着相似的工作或者同在一个职能部门或业务单元里工作；同样地，对于拥有组织所需关键技能的员工，适合他们的职业生涯模型未必就适合所拥有的技能不属于组织竞争优势来源的那些员工；拥有稀缺能力、在人才市场上大受欢迎的员工与那些具备的能力可轻易在劳动力市场获取的员工相比，适用的人才管理举措也是有差异的。

在人才管理方面，"标准化"的管理模式需要由更为合理的"区别化"及"个性化"的管理模式取代。这方面的挑战在于，组织在设计薪酬激励、职业安全感、能力发展、人才甄选以及其他人才管理举措时，如何使其既能在法律上站得住脚，又能适应劳动力构成多元化、商业环境快速变化等这些当今工作形态的常态。

区别化对待的管理模式可以通过给予员工个人更大的选择权来实现，以此创造满足个人偏好的工作环境。还可以通过技术手段建立行政管理系统，允许员工自主决定工作时间、工作地点、工作方式以及工作意义。

需要强调的一点是关于个性化设计的合理性，因为关于这种合理性的界定并不清晰，这就会带来一种风险——所有员工与组织的雇用合同都成为单个合同，并处于持续变化中。由此会导致相当程度的管理复杂性，复杂到没有任何组织能够建立起足以应对这些复杂信息的行政管理系统——即便这些系统已经采用了先进的现代信息技术。

这种对员工进行细分并区别对待的管理模式会带来一定的挑战，

目前并没有简单且能够被普遍适用的解决方法。但相比过去的企业，高效率、高效用地区别对待人才对于当今企业来说已变得更为重要，实现的可能性也更大，尤其是当基于网络的人才管理系统出现后，企业可以使用它来协助管理区别化及个性化的人力资源项目。

组织需要在与人才管理相关的所有领域建立和实施区别化及个性化的管理举措，这一点的重要性日益凸显。在关键性的人才管理问题上，很少有哪个组织会对所有员工承诺相同的待遇。当然，就某种程度而言，没有任何一家组织曾经做出过这种承诺——高管得到的待遇与其他员工从来都是不同的；拿时薪和拿月薪的员工得到的待遇也总是有所区别的。组织在人才管理差异化、个性化方面受很多因素不同程度的影响，从法律要求到对不同类型员工实施不同人才管理举措会带来的困难和成本，不一而足。

现在与过去的不同之处在于，在调整以及扩大"差异化及个性化"的人才管理模式方面，今天的组织比以往有更强烈的需求，而过去的组织是在公平和效率的理念下采取对员工一视同仁的管理方式。因此组织需要与员工沟通，告诉他们传统的、以职务级别为基础的人才管理方法已经不再有效，这样的举措不能适应如今多元化、个性化的劳动力人群，更不要说去适应这些人才在工作时间、地点、方式等方面体现出的差异了。企业需要用能够提供多种选择，并与需要完成的工作相得益彰的人才管理方式来取代过去的传统方式。

原则六：以证据及数据为基础

当今，人才管理举措与体系对组织来说非常重要，而且这种重要性在未来会有增无减。考虑到这一点，人才管理工作需要以能够证明某一结论成立的证据为基础，而不能仅仅依靠常识或经验。例如，在针对人才个体的聘用、加薪、分配工作以及晋升等方面进行具体决策时，需要如此；在对组织应该启动哪些人才项目、实施哪些人才管理政策以及举措等问题进行决策时，也是如此。由于员工行为的有效性对于组织越来越重要，所以是时候去除仅凭"看上去没错"或"听起来有道理"就决定推行的那些人才管理举措了。关于人才管理的决策需要以证据及数据为基础。

现在已有大量研究证明了怎样的"人才管理"是有效的。涵盖的方面包括薪酬保密的有效性以及甄选及发展具有高潜质员工的有效方式等。不幸的是，组织在做出人才管理决策时，往往不会考虑已有的这些研究成果。组织中的经理与高管在做出聘用以及其他人才管理决策时，往往会将常识和经验视为最佳指引。然而这种决策时常是错误的。比如，很多管理者都相信自己能够基于对应聘者的面试过程选出最优候选人，然而研究表明，基于非结构化面试做出的聘用决策根本不能预测候选人的绩效表现。

以证据为基础的人才管理体系的建立是无法一蹴而就的，但组织可以一步一步向这个方向靠拢，其中一个方法是进行自主研究。今天的很多组织都拥有大量关于绩效和行为的内部数据，也具备非常好的数据分析能力。这些组织完全可以通过数据分析来验证他们的选才流程以及其他人才管理决策的有效性。组织也可以通过衡量多种情境下的员工绩效来确定哪些人才、哪些人才管理举措最适合自身。另外，组织还可以收集员工的态度和行为数据用来预测人员流失率、缺勤率以及工作场所其他的关键方面。最后，在进行人才管理决策时，通常会将人才流失的成本及人才管理举措的产出作为考量因素，以证据为基础的人才管理体系会使成本与产出的计算更为容易。

组织在基于其员工数据进行信息收集与分析，并进一步制定人才政策及其他决策时，还有一个因素会发挥作用。组织中的成员在面对基于其他企业的研究成果时，有时会产生一种抵触情绪，认为企业之间是不同的，所以适用于其他企业的结论不一定适合本企业。在这种反应下，组织往往会忽视那些研究成果。但是，基于组织自己的数据进行研究，则可以消除组织成员内心"非我所创"的反应。当然，组织可以继续推行没有自己内部数据分析结果支持的人才管理举措，但这种情况出现的可能性较小，因为这在现今会显得组织的人才管理水平很糟糕。谷歌、IBM以及3M公司都有着让人印象深刻的人力资源数据分析团队，而且它们都曾向外界表明，因为有了这些团队，它们的人才管理决策才能够得到更多的证据支持，这些决策的有效性也能相应地得到提升。

其实，组织并不是必须亲自进行研究才能发现什么样的人才管理举措是有效的。在学术界已经有超过十万项关于人才管理的研究，还有很多值得一读的书籍，涵盖了选才、培训、薪酬以及能力发展等人才管理领域。坏消息是，这些研究中的大部分都聚焦于已经过时的最佳实践，因此在阅读的过程中必须慎重甄别，尤其是对于那些想要重新塑造人才管理体系的组织；好消息则是，现在关于如何重塑人才管理体系的研究正越来越多地涌现出来。

对于未来趋势，最贴切的说法是，人才管理决策将从凭直觉判断转向基于证据和数据进行决策。组织需要坚持定期质询并检验自己的人才管理项目和政策运作是否顺畅、成本高低、产生的结果是否符合预期；组织需要不断尝试新的方法，并基于绩效数据来确认这些新方法是否可行；组织需要利用数据来发展员工个人能力、管理员工职业生涯，同时也需要向员工提供数据，使员工在职业选择和技能发展方面做决策时可以借以参考。简而言之，人才管理需要组织在更大程度上以数据为基础、以证据来驱动。

如果组织能够越来越多地使用基于证据的方法来进行人才管理，那么很可能最后获利的不仅是组织，还有组织中的员工。这种方法尤其可以帮助组织提升员工队伍的整体水平，因为如果组织知道对待和发展人才的正确方法，就可以发展出更有才华、更具生产力、性价比更高的员工。就员工个人而言，拥有额外的数据能够让他们更清楚自身应该如何发展技能、怎样选择最佳职业生涯、如何以最佳绩效完成工作以及应该在一个岗位或者一个组织中待多长时间。

简而言之，基于证据进行人才管理有助于我们利用数据做出更优的决策、设计出更好的举措，从而实现组织和员工的双赢。我们有越来越多的理由相信，个人和组织必然会更多地基于数据进行决策。在一个工作变化如此快速的世界中，个人和组织需要不断做出关键性的人才管理决策，而这些决策将对个人、组织和社会都产生影响，在这种情况下，基于数据进行决策就成了人才管理体系的必要条件。

本章小结

本章涵盖的人才管理原则及举措都聚焦于如何应对第 1 章中所提及的六大变化，意图针对其中一个或多个变化提出解决思路。图 2-1 的分析展示了这六大人才管理原则对工作及工作场所六大变化的回应，以及这些回应的重要性及有效性。

表 2-1　人才管理的原则和六大变化对应表

人才管理原则	变化						
	全球化	技术	多元化	可持续发展	变化	人才关键性	平均
由战略驱动	2	3	1	2	2	2	2
以技能为基础	2	3	1	2	3	3	2.3
聚焦绩效表现	3	2	2	2	2	3	2.3
具备敏捷性	2	3	1	1	3	2	2
类别细分	3	2	3	1	1	2	2
以证据为基础	2	3	2	1	2	3	2.2

Copyright © Edward E. Lawler III and Center for Effective Organizations at USC.
注：1= 低重要性或完全不重要，2= 中等重要性，3= 高重要性。

所有这些人才管理原则都是对工作形态多种变化的重要回应。在工作场所中发生的所有变化，除了多元化，都强烈要求人才管理应该以战略为驱动、以技能为基础并且要聚焦于绩效表现。组织对敏捷性的需要主要受技术日渐普及的影响，而商业环境中的这一变化又使得组织建立并采纳敏捷的人才管理举措成为当务之急。对于人才管理的敏捷性，第二个非常重要的驱动因素是"变化"，而"变化"往往又是由"技术"驱动的。

"区别对待"作为人才管理举措之一，由"全球化"与"多元化"强力驱动，并造就了更为多元的组织，而"技术"和"人才"同样是让组织关注"区别对待"的重要原因，因为这两个因素增加了用更有针对性、更具个性化的方式来管理人才的需求。

最后，我们需要以"基于证据"的人才管理方式来应对"人才"的重要性以及"技术"发展带来的诸多复杂问题。考虑到科技进步及随之而来的人才重要性，对于那些掌握技术以及能够驱动战略的员工来说，如果针对他们的人事决策不是基于最佳证据及可获取的数据做出的，那么这种决策将是不明智的。

就所有的这六大变化而言，"技术"对组织的影响无处不在。因此，如果组织没有将"技术"作为人才管理原则的主要驱动因素，那么组织将会承受风险，即缺少开发和生产具有竞争力产品的人才的风险。同样的现实也是为什么"基于证据""基于技能""聚焦于绩效表现"这三项人才管理原则如此重要的原因。变化的速度以及人才的重要性都使得"建立基于技能的人才管理体系"对于组织意义重大。

　　总而言之，六大人才管理原则对于判断"哪些人才管理举措在新的工作时代将行之有效"方面能起到重要且实用的指导作用。因此，当我们在回顾组织是如何管理人才的时候，就可以分析特定的人才管理项目和举措是否遵循了这些人才管理原则，然后重点关注那些遵循了这些原则的举措，因为这些举措将帮助组织建立起有效的战略性人才管理体系。

第 3 章

吸引人才

人才的重要性日益凸显，这使得组织能否拥有合适的人才这一点也变得至关重要。人员配置流程始于招聘流程，这一流程的设计与运作要以能够吸引到与组织战略相匹配的人才为目标，并能够帮助新入职的员工快速成为高效员工。要实现这一点，组织需要具备一套整合的招聘、甄选以及入职流程，能够吸引、保留执行企业战略所需要的人才，并激发出这些人才的积极性。

组织要建立一套能够吸引并保留合适人才的人才管理体系，最重要的一步就是建立起雇主品牌。组织需要基于自己的社会声望、知名度以及人才市场的供求情况创建自己的品牌，并建立一套招聘流程，以吸引和保留能够帮助自身有效运作的人才。

由战略驱动的雇主品牌

一个组织的品牌建设以及招聘流程应该由经营战略驱动，并能对战略实施提供支持。组织在制定经营战略时，很重要的一点就是要考虑如何建立一个能够吸引合适人才的雇主品牌。如果经营战略无法吸引到能够执行这些战略的人才，那么这样的战略最终必将失败。任何经营战略都要经受一项关键测试：这一战略是否能够提炼出雇主品牌，并能支撑这一品牌吸引和保留组织需要的人才。

"吸引人才"这一点必须在制定战略的过程中就加以讨论，而不应在制定战略后才予以考虑。制定战略的人员应该询问："执行这个经营战略能招聘到我们需要的人才吗？我们能留住他们吗？"显然，如果与一项战略相伴而生的是糟糕的工作环境、很低的薪酬或者是根本不可能实现的绩效和技能要求，那么组织就不应该将它定为自己的经营战略。如果这项战略使得组织的运作给周边的环境以及社区带来了负面的影响，那么它也就不太可能吸引到"合适的"人才，尤其是当这类"合适的"人才很年轻且接受过良好教育时。

组织需要考虑：为了完成工作，怎样的雇用关系才是最好的？这份工作既可以是全职的，也可以由受雇者独立承包，甚至雇用零工完成，不管是哪一种，企业的雇主品牌都需要将内部存在的雇用关系类别对外反映出来，以吸引合适的人才，并让这些潜在雇员清楚地知道企业对他们的期望以及在这家企业工作意味着什么。

然而组织最常持有的一个错误观点就是：组织要吸引到合适的求职者，就需要倾尽全力向劳动力市场以及求职者展示为组织工作的正面形象。这一策略可以被理解，但却相当愚蠢。已经有非常多的研究表明，在招聘过程中展示名不副实的雇主品牌形象的组织，往往更容易导致雇员不满，以及随之而来的极高的流失率。最终，这些组织因为极高的流失率而投入了更多的额外成本，同时也没有吸引到那些能够适应组织环境并在其中表现优异的人才，因为名不副实的雇主品牌形象让员工的自选择流程无法正常发挥作用。由此导致的结果就是：一方面，员工获得的工作与他们自己的偏好和技能水平并不匹配；另一方面，组织也未能吸引到真正适合这些工作的人。所有这些结果都明显地指向一个结论：**组织需要建立实事求是的雇主品牌**。

那么"实事求是"指的是什么呢？就是清楚地指出，在组织中工作的好处和坏处各有哪些，同时确保人才在应聘时就能了解到，一旦加入组织，他们的工作将会是怎样的。让人们基于真实情况加入组织，比起基于虚假信息加入，显然要好得多。让人们基于虚假信息加入组织，就长远来说，成本高昂，并且会造成一种"机能正常"的假象，与"因为候选人不喜欢组织提供的工作条件，所以不愿意加入组织"的情况相比，这种假象更加糟糕。如果说组织已经向求职者展示了真实状况，还是吸引不来足够多的让人满意的求职者，那么这就可以提醒组织去思考为什么自己提供的工作不具有吸引力，而这就意味着组织需要重新审视其战略以及运作方式。

品牌策略要点

组织的雇主品牌到底应该包括哪些内容呢？显然，答案要比

"在这里工作非常棒"这样的回答复杂得多。雇主品牌必须清楚地表明：**业务需求是决定组织内各项工作特点的重要因素**。如果组织需要成为技术引领者，那么雇主品牌就要清楚地展现这一点；如果组织需要聚焦于客户服务，雇主品牌就要对此有清晰的表达。同时，雇主品牌还需要向外界说明，对于第 1 章、第 2 章中提及的那些趋势，组织是如何考虑的，以及将在多大程度上采取应对策略。组织的领导及管理方式也是雇主品牌要说明的，以便使人才对此形成合理预期。雇主品牌还需要聚焦组织的目标以及组织如何与周边的社区发生联系等。当然，员工可以期待的奖励及其职责也是必不可少的。正如第 6 章中将要谈及的，组织给予员工的奖励应该能够对组织所需要的人才产生足够的吸引及激励作用，这一点至关重要。

　　考虑到现在商业世界的变化速度，雇主品牌需要阐明敏捷性问题，同时也需要阐明在组织的重点工作、雇用关系稳定性、培训与发展以及长期雇用机会等方面所发生的变化以及这些变化的意义，这些都是品牌主张里非常重要的部分。更为复杂的是，雇主品牌主张还会涉及员工类别细分与差异化，以及这种差异化是如何同组织公平性与公正性之间相关联的。最起码，品牌主张需要就持续的雇用关系以及公平的待遇这两方面对人才有所承诺。总而言之，雇主品牌的主要目的，应该是让人才有机会获得关于工作的真实且全面的认识，并知道在组织中工作是怎样的情形。

　　纵观历史，很多组织在建立雇主品牌方面都曾表现优异。其中最受欢迎的组织包括 AT&T、埃克森美孚公司、通用电气、IBM、3M 公司以及西尔斯百货公司（Sears）等企业。从 20 世纪 50 年代到 90 年代，这些企业通过广告、社会行为以及企业高管的公开演讲，使人们非常清楚为其工作意味着什么。就很多方面而言，那时的组织很容易通过简单且直接的品牌价值主张让员工了解他们所期望的就业保障、工作任务、长期雇用关系、公平待遇、领导力风格以及企业的愿景目标。

但是，对于今天的组织而言，建立准确、真实且使人一目了然的雇主品牌则要困难得多。组织所面对的商业环境以及组织的价值主张都比以往更加复杂，所以雇主品牌就需要传递更为复杂的信息。组织需要让外界知道，它所提供的工作并非总是积极的。另外，因为组织需要对员工进行类别细分，人才供应也要满足敏捷性的要求，这就可能会产生多种人才合作方式，所以雇主品牌还需要对外发出多重合作方式的信息。另外，雇主品牌还要包含人才在组织中的待遇这方面的信息，如就业保障、不同岗位的工作环境及工作条件，甚至要声明组织不会向员工承诺长期的雇用关系，也不会承诺未来发展前景。

目前，有不少组织都在采用真正由战略驱动的雇用方式，它们与传统的雇用方式大相径庭。

奈飞公司可算是最佳实例之一。这家公司费尽心思对外展现符合实际情况的用工方式，它们还在公司网站上详细解释了在奈飞工作的优势和劣势。优势包括高于市场水平的薪水，也包括奈飞的特点：这是一家能让员工有很大机会赚到钱、能让员工的技能得以施展、能让员工从事有趣工作的企业。而为奈飞公司工作的劣势则包括极低甚至近乎不存在的工作稳定性，除非员工能够保持高水平的绩效表现，否则将被公司解雇，但解雇时会获得一份"慷慨的离职补偿"。

亚马逊公司也是一家建立了有效的（尽管被某些人认为是不讨喜的）雇主品牌的企业。它在雇主品牌主张中承诺：加入亚马逊的员工将在一家成长型企业中获得工作、良好的报酬以及发展机会。同时，它也强调了组织内部的高压环境，员工被要求必须努力工作，并且其绩效表现将受到严密监控。

很多科技公司为了建立独特的雇主品牌可以说竭尽全力。谷歌（现在是 Alphabet 旗下的企业）就做得非常好。它因提供给员工额外的福利而受到媒体的持续关注，这些福利包括免费交通、餐饮、健身房，以及每周 7 天、每天 24 小时的全天候工作环境。作为回报，谷歌期望员工能够对组织尽心尽力，甚至有时候希望员工痴迷于工作。因此，毫无意外地，谷歌的雇主品牌更容易吸引年轻的人才，这些人希望他们的世界是以工作及信息技术为中心的。这样的雇主品牌与谷歌的商业模式是相吻合的，并且为谷歌造就了一支忠诚的员工队伍。

组织要向潜在人才就自己的人才管理方法进行有效的沟通，对于这一点的重要性，怎么强调都不为过。在传统金字塔结构的层级制组织中工作，与在一家敏捷性高、员工参与度高的组织中工作，两者的工作体验差异非常大。因此，组织的雇主品牌只是告诉人们"企业的产品是什么"或者"薪酬水平有多么好"已经远远不够，更重要的是，它需要反映出人才在组织中将会被如何管理。

其他有效的雇主品牌还包括布瑞德 - 克勒（Berrett-Koehler）出版社[⊖]、巴塔哥尼亚公司（Patagonia）[⊜]以及星巴克。这些企业能够吸引并招募到员工的一大基础就是：它们是关注社会责任的企业，它们会善待员工，并给予员工大量的成长机会。例如星巴克就有这样一个项目：公司会为咖啡师获得高等教育文凭提供支持，并为在美国大部分州的门店工作的员工提供远远高于当地最低薪酬水平的薪水。同时，星巴克还关注资源的循环利用以及公司对环境造成的影响。所有这些都与星巴克想要吸引的那类人才的需求相匹配，因此也使得星巴克的人才流失率远远低于其大部分竞争者。

⊖ 该家出版社由史蒂夫·比尔桑迪（Steve Piersanti）在 1992 年于旧金山成立。史蒂夫曾是一出版社的总裁，在该出版社被一家媒体大亨收购后，史蒂夫因拒绝收购方的裁员要求而被解雇，之后他便创立了布瑞德 - 克勒出版社。成立之初他就决定公司不仅为股东利益而经营，还要成为一家对雇员、作者、商业伙伴和社会负责任的合办企业。其经营理念吸引了许多作家，尤其是那些把企业看作不仅是利润最大化工具的作家，包括亨利·明茨伯格、肯·布兰查和戴维·科尔顿等世界知名作家。——译者注

⊜ 巴塔哥尼亚公司创立于 1975 年，总部位于美国加利福尼亚州文图拉市，是美国最大的户外用品公司，以生产最高品质的攀岩、冲浪服装等户外用品闻名，是世界顶级户外奢侈品牌。公司坚持"地球第一，利润第二"的绿色环保理念，并且为员工提供人性化的福利，曾被《财富》杂志评为美国"100 家最值得为之工作的公司"之一。——译者注

巴塔哥尼亚公司以及布瑞德·克勒出版社建立雇主品牌的基础则是"共益企业"（benefit corporation）[⊖]这一定位。"共益企业"这种企业类型强调企业不应仅重视获利，还应重视维持社会公平以及促进社区、劳工、环保等社会公益。这是一个相当具有诱惑力的品牌形象，能够为雇主带来一种潜在的竞争优势，帮助企业吸引来关注企业社会及环境责任表现的人才。

当"适当的"雇主品牌被建立起来之后，接下来至关重要的事情就是：组织如何有效地向潜在的求职者传播这一品牌主张，并且监控传播的有效程度。组织还需要设定流程处理特殊情况，比如由于员工在进入组织之前并不清楚在组织内工作的具体情形，或者虽然对雇主品牌有所了解，但没有预料到当他们真正应对工作要求时所出现的反应，因此入职后发现自己仍然做了错误的职业选择。对此，在线服装销售商扎珀斯（Zappos）[⊜]的解决方案是：为加入公司几个月后觉得不适应并希望离开的那些新员工提供一笔奖金奖励他们的离开。

"合适"的雇主品牌

没有哪个雇主品牌是放诸四海而皆准、适合所有组织的。"合适的"雇主品牌需要由组织的经营战略以及实施这一战略所需人才的类型来确定。如果经营战略只需要由构成相对单一的员工队伍来执行，那么可以用相对简单的雇主品牌来吸引这一类群体中的所有人。如果实施战略所需要的员工队伍涉及不同年龄层、人口特征、国家和地区、雇用关系类型等多种因素，雇主品牌就会比较复杂。有效的雇主品牌是实事求是并且能支持组织经营战略实施的，它必须由战略驱动；对于已经被建立起来的雇主品牌，一旦组织的战略发生改变，品牌也需要被随之调整。

组织建立雇主品牌、优化招聘流程的显著驱动因素是组织所需要的关键技能。组织需要吸引并保留那些拥有让组织与其竞争对手区分开来的关键技能的员工，因此就需要建立雇主品牌以向外宣传对这类员工具有吸引力的工作环境。组织需要通过雇主品牌来吸引的技能可能是社交类的、管理类的、专业技术类的抑或是这三者的结合。

举例来说，组织所需要的技能可能在年轻员工身上更容易找到，如果情况确实是这样，那么组织的雇主品牌就需要反映出"组织拥有年轻员工所向往的工作环境"这一特点。很多科技企业都是建立雇主品牌和招聘流程的优秀案例，它们通过有效的雇主品牌和招聘流程实现了吸引所需人才的目的，从而使其在行业中脱颖而出。这些企业精心打造了对年轻的 IT 工程师具有相当吸引力的雇主品牌。

位于硅谷的科技企业在招聘流程中会强调组织中的物理与社会环境，它们还会提及弹性工作、学习机会、员工个人能够享受的自由以及能够在"日常生活保障"方面获得的支持（目的是让他们维持对技术工作高度投入的这种生活方式）。例如，这些企业提供服务，以减少员工去干洗店、做烹饪、洗车的次数，或者承担员工身为丈夫、妻子、房东、父母等角色的大量日常职责，这些职责都会让员工从工作中分心。有些组织甚至提供额外的福利，帮助员工还清助学贷款。

一直以来，组织都会对雇主品牌进行类别细分，也应该继续如此。针对高管的雇主品牌就应该与针对拿小时工资的员工的雇主品牌有所不同。然而这种基于职位高低而做的雇主品牌差异化并非未来的最佳解决方案。因此，我们需要对雇主品牌进行细分，但细分应基于我们已经在前面讨论过的那些决定人才管理举措的因素——工作性质、组织文化以及管理风格，还有人才管理体系未来的运作方式，这些是我们如何对雇主品牌进行细分的决定因素。

对雇主品牌的细分在一定程度上还应以组织需要的技能和人才类型为基础。组织需要一个能够帮助它吸引自身需要的技术和管理人才的品牌。就某些组织而言（比如那些提供消费类产品和服务的公司），这可能意味着组织建立的雇主品牌应该反映出对文化包容性及员工多元化的承诺和支持。另外，一个组织的雇主品牌也可能需要基于地理位置和业务类型体现出巨大的差异。这一做法在跨国企业或者经营多种业务的组织中最为常见。

建立有效的雇主品牌最大的挑战，莫过于在雇主品牌的通用性和专用性（即专门针对某一特定工作）之间找到平衡。雇主品牌需要反映组织的经营战略，同时要考虑组织所处的地理位置、对人才个体的期望以及当地的关键条件。

组织的雇主品牌应该尽可能基于数据建立，这些数据能够展示出组织内部的绩效优异者所认为的"为组织工作有哪些积极因素，又有哪些消极因素"。这是比较好的建立雇主品牌的开始，因为这样的数据将向外界提供真实的"工作预览"，从而吸引与组织内部的高绩效员工相类似的人才。对于"被高绩效员工珍惜并视为积极因素的是什么？"这一问题的分析要不断更新，以反映工作和组织不断变化的性质，同时也要反映出组织所要招聘的人才将会面对的是怎样的情境。

对雇主品牌进行战略性的类别细分，结果通常就是形成这样一个企业品牌：它由在全部企业范围内被广泛应用的几个关键性的通用品牌诉求点所组成。对于组织想要招聘的特定类型人才，组织在品牌的诉求点上还会补充一些针对性项目。

值得再次强调的是，无论雇主品牌定位如何，它都应该是实事求是的。正如前面所提到的，想要通过对工作的不真实描述来吸引人们加入组织的行为注定失败，因为这将导致高流失率、糟糕的绩效以及充满负能量的企业文化。

最后，组织可以且应该通过系统地使用调查问卷来跟踪新员

工、求职者以及潜在求职者的态度及反应，这将帮助组织确保其
使用的面试及招聘方法展示了在组织内工作的真实情形，并能够
吸引真正合适的人才。这种问卷调研并不需要采用先进的信息技
术和大数据，当然这些技术可以帮助流程更为简洁。有顾问公司专
门从事这类调查并发布相关结果（比如调查最佳工作地点）。显然，
组织应该关注这样的公司，也应该在组织感兴趣的求职者人才库
中进行相关调查，以确保组织吸引人才及招聘的流程足以吸引合适
的人才。

社交媒体

社交媒体的发展为组织提供了一种新途径，使其能将自身的雇
主品牌推广到劳动力市场中，也使其能够决定如何展现自身的品
牌。过去，雇主品牌的传播很大程度上是通过印刷品、广播媒体、
广告、商业新闻报道以及组织的员工、客户及其他与组织有直接交
集的人来实现的。对于那些想要了解企业的个体，社交媒体和互联
网的发展为他们提供了另外一个获取信息的渠道。同时，不论是企
业官网上刊登的文章，还是企业的员工、客户、前雇员及应聘者在
Facebook、推特（Twitter）以及其他社交媒体网站上写的帖子，都
有可能帮助企业吸引到合适的岗位申请人。

组织无法控制在所有这类平台上人们对其做出的评价，然而组
织可以控制自己的企业网站——在网站上展示企业能够为员工提供

什么以及企业对员工的期望。有一些企业在这方面做得很不错，比如奈飞公司。越来越多的组织都在人力资源部门建立了社交媒体招聘团队，这些团队除了其他日常工作，主要任务就是在这些平台上与潜在候选人以及岗位申请者进行互动。

组织无法直接管理的是在网络聊天室里发生的对话，以及组织的员工在社交媒体上就组织的行动、政策以及业绩状况所发的帖子和看法。以社交媒体端口为例，组织所能做的，就是通过这些端口了解别人如何评价自己在组织中的工作经历，并监控这类信息。而监控到的这些信息在组织要做以下决定时就可以作为参考因素：招聘与聘用方式、员工待遇（包括将来会为员工提供的工作场所类型、员工对内与对外的沟通方式等）以及应对员工与应聘者的方式等。这些组织还能通过发布更正声明、具体信息以及专家点评等对社交媒体上的内容进行回应，以此给观众提供一个切合组织实际的画面。为了进行比较，组织还需要关注社交媒体如何描述竞争对手，并通过对相关内容的分析，来了解竞争者在哪些方面与自己有所不同。

组织为建立正面吸引力可以采取的一项行动就是：给现有的员工以金钱方面的激励，让他们去搜寻并招募优秀的候选人。这有助于引导员工在朋友面前以及在社交媒体平台上以正面的方式展现组织。这种行为不但能增加求职者的数量，还能提升求职者的质量。如果奖励基于招聘成功率，那么这种措施就尤其可能获得成功。

组织能够控制在自己的网站上发布的内容，同样，组织也可以控制在很多其他网站上发布的信息，比如玻璃门网（Glassdoor）[⊖]、职业经理人社交网站领英网（LinkedIn）以及招聘网站怪兽网（Monster），这些都是提供岗位搜索的网站，能够帮助组织招聘。组织还可以开发自己的 App 应用程序来为求职者提供空缺岗位的信息以及回答求职者的问题。考虑到智能手机的利用程度，自己开发 App 很有可能成为，在帮助组织对外提供实事求是的工作内容以供浏览方面，极为有效的方式之一。

吸引非雇员人才

商业环境中正在出现一个重大变化，就是组织开始越来越多地使用非正式雇员人才。正如本书前文中提到的，在帮助组织完成工作的"人"与"组织"自身之间已有多种类型的员工关系存在。长久以来普遍存在于娱乐业、建筑业以及季节性工作之中的那些非长期雇用的员工关系，已经扩展到了很多其他类型的工作之中。持续的"非全职"工作安排可以采用兼职、临时工的方式实现，也可以通过人才供应商、临时中介机构、自由职业者网站（如 TaskRabbit、Tongal、Upwork）[⊜]等来安排人员实现。

⊖ 该网站是美国的一家做企业点评与职位搜索的职场社区，在 Glassdoor 上可匿名点评公司，包括其工资待遇、职场环境、面试问题等信息。——译者注

⊜ TaskRabbi 是一个任务发布和认领形式的社区网站，任务发布者（TaskPosters）通过这个平台获得任务兔子（TaskRabbits）的帮助，而任务兔子在完成领取的任务后可以获得一定的报酬。Tongal 是一家向大企业提供众创视频广告的创业企业。企业在 Tongal 上发起广告任务并添加悬赏金额，有兴趣的广告或视频工作室可以来 Tongal 上竞标任务，即使落选也能得到一定报酬。Upwork 是全球最大、最规范的综合类外包平台，拥有 1200 万注册自由职业者和 500 万企业客户，是全球最大的外包人力服务市场。——译者注

尤其值得注意的是这样一些网站：在网站上面可以看到人才名录，企业可以同他们签订短期的、基于项目的劳务合同。每个人才都可以同时签订数个短期项目合同或一次性活动的合同。在广告和软件开发领域，有些"人才供应商"企业会组织竞赛，然后让客户选择其中的优胜者去参与项目。

当今这个信息经济时代，在一些组织中，数量庞大的工作是由签订零工合约的非雇员来完成的，而且这种情况越来越多。这些零工从业者所从事的工作并非无关紧要的琐碎小事，其中大部分是广告业、软件业、金融分析业内的主要工作，而这些工作通常都是由组织想要吸引且能够获得的最优秀人才来完成的。比如，当一个组织在 Topcoder [○]或者 Upwork 上发布一个岗位或者项目时，它希望获取最优秀的人才。那么，要想招到最好的求职者，组织就需要建立一个实事求是且具有吸引力的雇主品牌，并同那些参与竞争、希望获取组织提供的工作的人达成协议。

一旦涉及如何对待合约承包人、自由职业者以及众包人才，组织就需要建立自己的雇主品牌，因为这些人群往往有多个机会可以选择。想要雇用这类人群的组织应该提供一个正式声明，说明组织将如何对待这类非雇员工作者；它们也应该对社交媒体网络上的相关信息进行监控，了解那些曾应聘过组织工作的候选人、曾为组织

○ Topcoder 是一个面向平面设计师和程序员的网站，它采用比赛、评分、付酬等方式吸引众多平面设计师和程序员业余工作。对于寻求兼职的人，Topcoder 是个获取软件开发兼职的网站；对于 Topcoder 的客户企业，它是个软件开发商或编码工作外包商；对于各软件企业，Topcoder 是个人力资源公司。——译者注

工作过的前员工是如何谈论这家组织的；另外，它们还需要与人才供应商及网站紧密合作，以确保组织能够获得接触最优秀人才的途径。

最后，很重要的一点是：对于不同的雇用关系渠道所提供的人才——不管是个体承包人还是全职员工——的质量，组织必须进行谨慎而持续的分析。很可能某种工作并不合适雇用全职类的雇员，而更适合通过万宝盛华（Manpower）、Upwork 或者其他人才供应企业来获取人才，如果是这样，那么在这类渠道上也需要采取吸引人才的措施。但是，上述这种人才配置方式是否属于最佳方式因工作的种类和组织的不同而有着巨大的差异。要判断某种方式是不是最佳的，最好是以来自不同渠道的人员所完成工作的质量为依据，关键在于组织要确定哪里能找到最优秀的人才以及如何才能吸引到这些人才。这个问题的答案会随着时间点的不同而发生变化，并且很可能取决于组织需要获取的技能。

本章小结

工作、工作者以及组织的性质正发生着变化，这些变化与"吸引人才"这一点的相关性在表 3-1 中得到体现。这一表格展示了与第 2 章中列举的人才管理六大原则相契合的"吸引人才"部分的举措。

表 3-1　吸引合适的人才

由战略驱动	雇主品牌定位以及招聘流程都以吸引关键人才为目标
以技能为基础	基于关键技能，精心设计人才吸引策略
聚焦绩效表现	就绩效表现的重要性以及组织奖励优秀绩效的方式提供清晰的信息
具备敏捷性	就持续的雇用关系以及可能会出现的工作调整等情况给出清晰的合同条款；使用零工式人才
类别细分	基于技能和战略，使用多种招聘信息以及招聘方式
以证据为基础	分析被雇主品牌吸引来的是什么样的求职者以及他们被吸引的原因，并且将这些与相应群体的绩效表现和留任率做比较

关于"人才管理由战略驱动"这一点，尤为重要的是"**吸引人才**"**的相关流程要能够识别出维持组织高效运作所需的关键人才群体，并要以此群体为吸引目标**。潜在的员工需要接收到关于组织的优势与劣势的清晰信息，这些信息尤其需要聚焦于两点：①人才是如何在组织的成功中发挥关键作用的，原因是什么；②一旦人才加入组织，他们将得到怎样的待遇。

"人才管理由战略驱动"这种方式与第二个关键原则也密切相关，这一原则指出人才管理应该聚焦于技能和工作胜任力。**因此，**"**吸引人才**"**流程应该以**"**吸引具有关键技能的人才**"**为基础**。并不是所有的技能都需要以相同的力度和专注度来招聘，对于那些拥有对实施战略尤为重要的技能和知识的人才来说，招聘信息需要针对他们的特点进行精心准备或者分类对待。

关于"人才管理应聚焦于绩效表现"这一原则，关键点在于**组织要清晰地表明**"**好的绩效表现将获得奖励**"**，而且对组织绩效产生**

影响的高绩效者会得到"重赏"。最佳方式或许是在招聘过程中就强调组织有很多的奖励是与绩效表现挂钩的，并重点指出绩效最好的员工将获得怎样的认可，并被组织所珍视。还有一点也是值得组织去做的，即想办法证明自身已经拥有了大量高绩效员工，因为这同样可以成为吸引人才的信息中重要的一部分。

"敏捷性"需要直接植入"吸引人才"的流程。非常重要的是，吸引人才的流程需要强调组织中发生变化的速度，以及由此导致的在就业保障和雇用关系稳定性方面的差异。那些即将进行改变和调整的组织应该在人才招聘信息中清晰地指出这一点，并说明一旦组织无法继续雇用某些人才，届时会有哪些举措来帮助受影响的员工。简而言之，**组织需要对工作稳定性以及长期雇用关系做出非常真实的声明**，这是吸引人才的流程中非常关键的一部分。

吸引人才和招聘的流程要针对不同对象进行类别细分，这也是非常重要的，这是组织吸引多元化技能型人才的唯一之道。招聘拥有不同技能的人才往往需要组织准备不同的吸引人才的信息和流程。这些差异应该谨慎地被体现在组织使用的吸引人才的信息中，同时，组织也应该意识到技能以及劳动力多元化的重要性。这些差异还决定了吸引人才的信息在哪里出现，并如何被传播。

最后一个关键点是**在建立、监控和调整吸引人才的信息及流程时，以证据为基础**。组织应该对"需要吸引到哪些人才"以及对不同类别员工离职率进行仔细分析。同样重要的是，一旦员工加入组织，组织就要开始研究他们的反应，了解他们是否觉得自己在应聘过程中获得了关于工作环境的真实介绍；组织还要分析不同的媒介在吸引合适人才方面的有效性有何不同。

显然，吸引人才的流程需要也应该以我们在第 2 章中强调的人才管理原则为指引，这代表大部分组织在吸引人才观念的上发生了巨大转变。非常重要的是，吸引人才应该以吸引和保留那些能确保组织未来有效运作的合适人才为目的。

建立合适的雇主品牌，吸引合适的人才，对这些工作，组织不应该听天由命，而应该谨慎处理，并监控其有效性。建立雇主品牌应该是组织的重点，因为这会影响吸引到的人才质量，以及组织与人才建立的关系。日渐增加的劳动力多样化、对组织敏捷性的需要、人力资本的重要性，这三项因素的组合使得招聘到合适的人才变得更为重要。社交媒体、大数据、数据分析的存在使得组织能够明白它自身所拥有及所需的雇主品牌是怎样的，也让组织知道它自身必须做什么才能够吸引到合适的人才。

第 4 章

甄选人才

人才甄选决策是组织成功的一个越来越重要的决定性因素。对许多组织来说，人才甄选是组织做出的最重要的决策，常常会给组织带来高昂的成本以及在时间和分析方面的重大投资。甄选决策很重要，这一观点本身并不新鲜，新鲜之处在于，随着人力资本对组织效能的决定性作用越来越大，人才甄选决策也变得越来越重要。另外，组织在做出甄选决策时可以运用的技术手段发生了变化，甄选流程也需要被改造以适应新的工作场所与新的劳动力需求。

有效甄选

甄选人才流程需要与吸引人才流程进行细致整合。实际上，甄选流程在许多方面是吸引人才流程的延续，因为这一环节在候选人决定是否接受一份工作时扮演着关键的角色：在甄选环节，甄选者会向候选人大量谈及组织的主张，以及它的运作方式。另外，这也在很大程度上决定了什么样的人将会为组织工作并形成组织文化。

　　甄选人才流程是雇主品牌的重要组成部分，它必须建立在吸引人才流程中对"潜在雇主"的描述上，并且要为候选人提供准确信息，让他们清楚地了解如果被选中，那么他们的工作将会是怎样的情况。如果甄选流程不能做到这一点，组织将面临如下风险：一方面，新人因对组织产生了错误的期待而离职，而此时组织在这位新人身上所付出的人才甄选、聘用和培训的投资还远未收到显著回报；另一方面，这一过程会带来负面体验，这种体验有可能会使优秀人才对组织避而远之。

　　甄选人才流程除了要与吸引人才流程进行细致整合，也要成为入职引导环节中的有效步骤。也就是说，在甄选流程中，甄选人要向候选人介绍组织，而在做此类介绍时应重点强调组织在绩效、学习、变革、文化、管理风格和人际关系管理等方面的主要特点。

　　甄选人才流程要能够反映在当今环境中进行人员配置时所面对的真实现状和挑战，这就需要组织关注不同个体所拥有的技能，还要有效评估他们的学习能力，并确定本组织的管理方式和领导风格是否"很适合"他们，同时关注那些对组织效能至关重要的技能。在许多情况下，甄选流程不仅需要评估个人如何完成现有的一系列任务或指定工作，也要能反映个人所具备的、与组织的经营战略以及迅速变化的工作形态相关的学习能力。

　　考虑到大多数组织的复杂性，复合式甄选流程可能是必然之需。在这种情况下，甄选流程要依据人才类别进行细分，而最明显的细分依据就是：拟雇用的个体是不是"发展型候选人"。有时，雇用某些候选人是为了完成一项指派的任务，并且需要立即看到他们的绩效，这种情况下的关键问题是看候选人是否能够执行好一组现有的任务。其他时候，候选人可能要踏入一个新的工作环境，并需要在那里完成大量学习任务——工作流程、技术和组织设计等方面的多种变化需要员工持续学习。在这种情况下，组织对他们的期望是：在完成一系列的持续学习后，他们能够留在组织中，继续为组织工作。因此，组织所雇用的候选人应该能够适应那种需要一段时间来发展能力的工作情境。

公平地说，组织对甄选流程是存在许多期待的，然而很多组织并未实现它们最初的期待。比如，它们吸引了错误的人，这导致它们做出错误的甄选决策；同时，关于今后的工作情况，它们可能也让候选人产生了不现实的期待。正是由于许多组织在人才甄选方面一直表现不佳，"甄选"的重要性就与日俱增了。

关于如何做出高质量的甄选决定，有大量的研究成果可以供组织借鉴。这些研究针对"在应对雇用环节的各种复杂、充满挑战的问题时，一个优质的甄选流程应该具备什么样的特点"这一问题提供了相当多的实用指引。在如何做出高质量的甄选决策，以及如何帮助人才根据充足的信息来决定是否加入组织这些方面，也有多种做法可供组织参考。这些指导性的成果可以帮助组织完善自己的甄选流程，使自身适应新形态下的"工作"和"工作者"特点。

　　组织在做出"雇用谁""雇用他们从事哪类工作"这些决定时，有一个关键点必须被优先、着重强调，即**过去的行为是预测未来行为的最佳因素**，在未来的环境和工作与过去很相似的情况下尤其如此。收集有关求职者过去的表现信息，并基于此信息做出是否雇用他的决定非常重要。对于期待所雇用的人员在上岗后能够快速做出优秀绩效的组织来说，这一点尤为重要。

工作记录

　　既然过去的行为是预测未来行为的最佳因素，那么就没有比"过去的工作表现"更能预测"未来的工作表现"的方式了。这就意味着，组织在决定是否雇用一名员工时，应竭尽所能挖掘这名员工在类似境况下的工作表现的信息数据。新工作与过去的工作越相似，过去的工作表现的信息数据的预测效力就越大。当今世界，关于工作者个体过去的绩效表现的数据越来越多，在许多行业中，这些数据可以被广泛获取。

　　一个显著例子是体育界——运动员的过往绩效数据具有极大的可获得性。从运动员初中时代开始，你所能想到的关于他们表现的各项统计数据，都是可以被查到的。在足球、篮球和棒球这些运动项目中，人们会通过精密、复杂的数据计算来判断选手的实力。在通过数据衡量人员有效性方面，体育界与商业界相比，也许有些不同，但不同之处也并不是那么多，因为当今的组织在销售、技术等岗位的工作人员有效性方面已经具备了大量的数据。随着大数据的发展，通过 App 应用程序、可穿戴定位及行动监视器等来追踪员工行为的方式日渐增多，由此也产生了越来越多的关于员工个体的绩效数据。在这种情况下，组织所面临的挑战是：如何获得"好"数据并利用它们做出优质的甄选决策。

许多组织对于求职者的数据收集流程始于这样一个应用程序——要求求职者提供关于他们的教育和工作经历的信息。只要这个应用程序不会因为很难使用而失去优秀的求职者，那么这就是一个良好的开端。现在，越来越多的组织开始使用手机 App 来使这一过程的用户体验更加良好。比如德意志银行（Deutsche Bank）、安永会计师事务所（Ernst and Young）和微软等公司使用智能手机上的 App，通过玩游戏的方式帮助人们快速跟进招聘和甄选流程。这样可以鼓励更多的求职者参与，还能发送关于组织及其文化的正面信息，从而为吸引人才流程做出贡献。另外，它也可以为组织提供可以反映求职者相关经验和技能的行为数据。

组织经常要求求职者提供相关的证明材料，这些材料可以提供有用的信息，但以这种方式收集的数据总是存在可信性和真实性方面的问题。因此，组织要尽一切所能来确定它们雇用的每个人的过往绩效数据有效性，这一点非常重要。这可能涉及雇用调查公司去查看个人记录并获得关于其工作和教育背景的历史数据。组织也可以选择直接要求个人提供他们的工作记录和成就，然后再通过其他资源渠道进行核查——这不仅可以从个人的绩效记录上看出其是不是一个合适的雇用对象，还可以用来测试个人的可信度和诚实度。要知道，个人在填写求职申请时不提供有效信息是很常见的。

实习、零工和工作模拟

毫无疑问，要让应聘者知道在组织中工作会是怎样的，以及让组织知晓应聘者能否胜任这项工作，最好的方式就是让他们在该岗位上实际工作或进行工作模拟。这肯定好过仅靠面试或个性测试、技能测试等方法进行考察，面试或测试能获取关于应聘者的个性、技艺和能力等方面的信息，但无法准确预测工作绩效。让候选人实际负责这项工作则可以让组织知道候选人能否完成特定任务，也可以让候选人清楚了解组织希望其做的工作是怎样的。

"盲眼选秀"是用来测试应聘者个人水平的一种有趣做法。比如在交响乐团中，"盲眼选秀"这一流程就是让应聘者在一个屏风后进行试演，目的是使面试官关注对岗位来说最重要的因素：试演者演奏乐器的水平到底如何。在使用这种方法时，面试官不会受应聘者的外貌、种族、性别等因素的影响而分心。"盲眼选秀"的做法很适合以下类型岗位人员的初期甄选流程：作家、程序员、客户服务代表、研究人员和其他正在考虑做技术和行政管理类工作的人员，因为他们可以提供工作样本供甄选。

　　组织可以让某个人做某项工作，而无须以长期雇用的方式聘用他，这类做法有很多种。最显著的例子就是临时工作项目，如实习生、短期合同工和临时工。长久以来，"实习"一直被视为一种有效的甄选手段而被使用。许多公司用这些机会吸引、考察并最终甄选大学生和高中生，以及其他对自我发展有兴趣的个人。这些方式将"岗位实际状况预览"与"真实工作样本获取"两者结合起来，帮助组织改善人才的吸引和甄选流程。在工作及工作者的新形态下，它们都是用来甄选和管理人才的有效方法。

　　临时工作指派和实习安排可以短至几个小时，也可以长至几个月，甚至几年。在很多方面，时间越长越好。这给予组织足够的时间观察个人作为员工的实际工作情况，也为个人提供机会看到组织是什么样的，以及在该组织中工作又是什么样的。不可否认，成为长期的（正式）雇员是一回事，做临时工或实习生是另外一回事。即便如此，要让潜在的雇员了解组织以及在该组织工作是什么样的，临时工作安排算是较好的一种方式，因为这好过让这些潜在雇员仅仅从外部观察，或者是通过别人的解释来了解。另外，这也是用来测试这些人员是否真的能承担该项工作的最佳办法。

　　现在，个人在成为组织的长期雇员之前就可以为其工作，信息技术革命为此提供了许多新机会。"零工网站"能为组织提供机会，使组织获得非常有价值的工作样本，然后据此确定某个人能将工作做成什么样，以及对这个人是采取零工雇用的方式还是长期雇用的方式。"技术"本身也能提供机会，以先前不可能的方式对工作情景进行模拟。情景模拟可以通过互动来测试应聘者对渐变的环境和技术问题会做出什么样的反应。它们可以使测试更加真实，因而更有效。电子游戏也是一个不错的选择，因为它们有可能创造出模拟场景，测试潜在雇员的判断和分析能力。它们的一大优势就是可以把个体放在工作场景中，然后观察他们如何做出分析和反应。

总体来看，判断潜在雇员是否具备做某事的能力的最好方法是让他们去做，而不是去问他们本人或其他人（过去的雇主、同事等）他们是否能做。当然，我们不是总有机会观察到某人如何工作，所以获得有关他们过去绩效的数据也是必需的。当数据源可信且应聘者将要做的工作和他以前做的工作类似时，这些数据将是极有价值的。如果这份工作需要应聘者提供手稿，制作的电影、广告或其他可识别的作品，那么作品获得的评价就是不错的参考数据。不幸的是，我们经常明知求职者自己不是一个有效的绩效数据来源，却也无法找到合适的人来提供数据。

能力和个性测试

由于各种原因，组织不是总能获得工作样本，比如，应聘者可能必须为所做的工作接受特定培训，或者对那些非正式雇员来说工作太复杂或者时间跨度太长，甚至可能根本就不存在"可行性"，因为应聘者所面临的第一项任务就是去开发他们将要承担的某个项目或工作。在这些情况下，对应聘者的智力或目标能力进行测试可能是最佳选择。

测量诸如"智力"这种对于大部分或全部工作来讲都至关重要的能力时，标准化的心理测试是很有用的。而当应聘者对某项任务没有任何过往经验，必须通过学习才能承担相应工作时，技能和能力测试会特别有用。

在过去几十年里，多种不同类别的性格和兴趣测试在组织中得到应用。其中最为流行和使用频率最高的是迈尔斯 – 布里格斯类型指标（MBTI）[⊖]。该项测试会让应聘者回答若干问题，其中，它会要求应聘者说出自己更愿意被视为是什么样的人，比如，是"实干的"还是"灵活的"，是"能说会道的"还是"安静保守的"，等等。据估计，全球范围内有超过 5000 万人参加过此项测试。

研究证据表明，在大多数情况下，个性测试并不是预测工作绩效的有效因素。当然，我们有理由相信个性测试对于预测某些类型的工作（例如，会与客户直接接触的角色）的未来绩效是有用的，但在一般情况下不是这样的。因此，组织不应将个性测试用于人才甄选，除非已有专项研究证明个性测试对于被测试的人才所要从事的工作是有效的绩效预测方法。

⊖　迈尔斯 – 布里格斯类型指标（Myers-Briggs type indicator，MBTI）是由美国的凯恩琳·布里格斯和她的女儿伊莎贝尔·布里格斯·迈尔斯制定的，这个指标以瑞士心理学家荣格划分的 8 种类型为基础加以扩展，形成 4 个维度。该职业性格测试是国际上最为流行的职业人格评估工具之一。——译者注

面　试

最常用的人才甄选工具是一对一的面试。由于大多数面试是非结构化的（面试官随机提出自己想了解的问题），面试官和应聘者之间的问答往往变成漫无边际的对话。这也就可以理解，为什么在预测应聘者的未来绩效以及任职时长方面，大多数面试的有效性很低或者说根本无效。不过尽管这样，面试仍然是最常用的甄选方法。

许多经理人感觉自己可以对应聘者做出很好的甄选决策，因为他们认为自己的面试能力足够好，但是关于甄选决策的研究并不支持这一结论。研究结果表明，大多数的经理人"相信"他们自己可以做出好的决定，但其实他们并不是真的能做到这一点。另外，在向应聘者描述"加入组织后，工作会是什么样的"时，面试这一方法的准确性也是有缺陷的。

从面试的有效性数据来看，在工作和工作者的新形态下，人才甄选过程中最好不要再设置面试这一环节。但这会带来另一个问题：大多数的应聘者希望能有面试机会，以便让他们见到将来可能与之共事的人以及未来的上级，而且经理人也想了解应聘者，并在雇用谁的问题上有发言权（让他们在面试后批准录用新员工，这也有助于新员工入职后的成功融入）。因此，最好的解决办法不是终结"面试"这种方式，而是要指导面试官在甄选过程中更好地完成一项任务——让应聘者对工作有真实的了解并能激起应聘者对工作与公司的兴趣；同时，要让这些面试官在实际的招聘决策中很少发挥或不发挥作用。

要使面试能够对甄选决策和人才吸引真正有所贡献，至关重要的就是将面试结构化，根据预先拟定的关键问题和注意点清单来进行面试。大量的证据表明，在非结构化的面试中，面试官容易问出不恰当的、无效的问题，有的问题在某些情况下是歧视性的、不道德的甚至是违反劳动法的。例如，他们有时会询问应聘者有关他们童年经历的问题，询问他们的父母是怎样的、他们的爱好是什么，以及对于潜在雇员未来业绩预测无效的一系列问题。

亚当·布莱恩特（Adam Bryant）[注]曾采访多位 CEO，并于每个星期天将采访结果发布在《纽约时报》上。他会问每一位 CEO："你怎样招聘人？"CEO 都会说到他们在面试中的提问，几乎无一例外地，他们都会问一些对于预测应聘者的未来绩效没什么帮助的问题。例如，"如果你拥有世界上所有的钱财，而且只剩下一年的生命，你会做什么？"或"你周末一般会做什么？"

如果应聘者所申请的工作与他以前做的工作是类似的，那么面试中提问的目的应该就是能够对应聘者之前的工作业绩做出评价，因此面试官应该向所有应聘者询问同样的、结构化的问题，以便做出比较。这些问题需要聚焦于应聘者申请的工作所需要或所需学习的技能上。有证据表明，结构化面试可以有效甄选员工。另外，使

[注]　亚当·布莱恩特（Adam Bryant）曾在《纽约时报》负责 Corner Office 专栏多年，采访过 500 余位 CEO。——译者注

用结构化面试的方法，面试官就没什么机会问出不恰当的、无效的问题了，同应聘者交流在本组织工作的情形时的不准确信息也会大为减少。

结构化面试如果能基于信息技术进行，通常会更有意义。对于某一个要经历多轮面试的应聘者，要确保在各轮面试中的不同面试官都能够提出恰当的问题，组织可以拟定一个"关键问题清单"并发送给所有面试官。随着面试过程的逐步展开，面试官可以互相联系，以了解应聘者已回答了什么问题、哪些话题需要继续询问以及对哪个问题需要加以关注。这是一个优化面试实践的好办法，从而确保面试是有效的，既进行了合理提问却又不是在简单地重复问题。

结构化的面试还应达到的一个目标是：有效地告知应聘者，组织期待他们做什么、做成什么样，在组织中工作又将会是什么情形。让应聘者对组织中的工作有良好的认知，相比于"让面试官基于应聘者回答自己自创的问题时所提供的信息做出有效的招聘决定"这一目标，显然前者更可能达成。

为使面试有效，我们需要对面试官进行培训，让他们知道怎样算是提供了正确类型的信息，以及什么样的问题是恰当的问题。这不是一项简单的任务，但它是一个可以被完成的任务，而且会带来明显的好处：未受过训练的面试官经常采用非结构化的、漫谈式的面试方法，在这种面试中，面试官通常依据他们自认为能预测应聘者是否是一个好员工的那些因素来提问，有效性可想而知。

　　我们在前文提到的"过去的行为是预测未来行为的最佳因素"这一观点表明，结构化的面试应着重询问应聘者曾经做过什么，以及他们在以前的工作情形下的表现如何。构建面试问题时应注意，要认真考察应聘者在以前的工作中所承担的个人责任，要让他们谈谈在工作场所中遇到的特定事件以及他们是如何应对的；还应该询问应聘者执行的是什么样的任务、为完成这些任务需要掌握哪些知识，以及他们是如何处理新挑战和学习机会的；询问他们在过去的工作中学到什么，以及在未来他们将如何开展工作，也是有效的。

　　值得重申的是，面试可以看作吸引人才流程中的一部分。显然，应聘者在面试过程中会产生喜欢或不喜欢面试官的感觉，这将在很大程度上影响他们决定是否继续下一轮面试，以及在收到录用通知时是否接受这份工作。因此，在面试中，面试官与应聘者之间保持一种积极的对话状态是非常重要的。

　　最后，还有一类面试需要说一下，就是本身不需要对甄选决策提供依据的面试。在组织已经取得有关应聘者绩效表现的清晰记录的情况下，这种面试方法可以得到良好的运用，我曾见过实例。应聘者的绩效记录已经经过评估，招聘决定也已做出，在这时邀请应聘者来参加面试。如果做得好，那么这种面试可以为面试官和应聘者提供机会来交换有关组织的文化和氛围的信息，对于那些最终肯定会被录用的应聘者来说，就职流程这时就可以开始了。

社交媒体

社交媒体的使用越来越广泛，这就为组织提供了一种了解有关个人过去行为的新手段。人们可以直接进入潜在雇员的 Facebook 账户或其他帖子中了解他们的兴趣所在、行为、如何对待友谊和网络等。不过，组织在使用从社交媒体中收集的信息时会面临一个挑战，即如何确定这些信息与潜在雇员将会从事的工作之间的相关性。

在许多情况下，社交媒体上的信息是与工作无关的，因为社交媒体上的话题与工作场景中的问题有巨大的差异。然而，还是会存在这样一种情况：求职者在社交媒体论坛上发表的观点，或呈现出的行为方式是公司完全不能接受的，或者与公司希望自己的雇员在公司外部所展现的形象不相符。在社交媒体上关注潜在雇员的极端行为也可以为组织提供有用的警示，因为这可能意味着他们未来会如何代表公司行事以及他们在工作场所会如何行事。

关于社交媒体与工作的相关性问题，最好的定位也许是将它视为一个崭新的、潜在有用的信息来源。社交媒体论坛社区等只应被视为关于个人如何做出行为的信息来源之一，但它们确实是关于个体行为的有效信息源。求职者在社交媒体上发布的内容是代表他们自己的实例展现，因而也是预测他们在工作场所中将展现出何种行为的有效因素。

验　证

对于所有的甄选流程，"验证"这一环节都是必不可少的。组织需要用它来判断甄选雇员的流程与方法是否真正有助于自身做出有效的甄选决策，这一点非常重要。甄选流程的有效性需要持续不断地依据员工离职率、缺勤率、生产力水平和其他绩效指标进行测试。鉴于"工作"形态的变化速度如此之快，以前所做的测试的结果不一定适用于当下。在几年前，持续性的验证可能并不是必需的，但在今天，工作和工作者的形态在加速变化，新的数据源层出不穷（例如社交媒体、游戏等），因此，"验证"不应被看作一次性的行为，而是一个持续的过程。对甄选流程、方法的验证应该关注整个甄选过程中会对最终决定产生影响的所有因素，同时也要不断寻找能够改善甄选流程的新做法。

对于绩效波动性很大的岗位，对甄选流程有效性的小小改善就可能带来个人绩效结果的巨大提高，并最终体现在整个组织的绩效所获得的巨大收益上。在一些行业中，最佳绩效员工的生产率水平能够达到一般员工绩效水平的10～20倍（这在科技工作领域很常见，如软件工程），可想而知，在甄选人才环节，即使预测有效性仅有微小的提高，也可能导致巨大的绩效增益。在这种特点的工作中，拥有一个有效的甄选流程就显得尤为重要。

验证环节很重要，不仅是因为它可以帮助组织提高甄选决策的质量，带来更低的成本及更高的生产力，还因为它能在涉及歧视的诉讼、指控和不公平的用工行为等方面为组织提供防御措施。在这一方面，信息技术和大数据时代的作用可以得到充分发挥。在今天，要获得有关个人的绩效数据，以及使用数据分析来确定甄选流程各个环节的预测有效性，比以前要容易得多。

决　策

在传统的组织中，对应聘者的面试和挑选是通过一个高度官僚层级化的流程进行的。应聘者由经理面试，招聘决策则由他们未来的上级或由他们未来上级的老板做出。未来的同侪、下属和其他雇员则很少参与或完全不参与对应聘者的面试和甄选过程。这种传统的层级化的管理方法并不适合新形态下的工作和工作者，因为它不能建立起（与应聘者的工作相关的）不同角色对于甄选流程结果的认同，并且忽略了应聘者未来的同侪和下属所能提供的关于他是否应该被聘用的有用信息。

许多科技企业和一部分零售公司（例如全食超市[⊖]）已经认识到，让未来会与应聘者共事的员工（可能来自组织中的各个层级）参与甄选流程是非常重要的。这些企业让应聘者未来的同侪和下属参与面试，在某些情况下还会让他们对甄选决策进行投票表决。这样做有一个明显的优点，那就是使他们愿意出力来帮助这些新员工

　⊖　全食超市（Whole Foods Markets）是全美最大的天然食品和有机食品零售商。——译者注

成功就职，同时使他们有可能提供有价值的甄选信息。这种方式也会使甄选过程与高绩效组织中的工作特点更加匹配。有人认为在考虑让谁参与甄选决策的投票时，"谨慎"是非常重要的。正如前文提到的，面试通常不是有效的甄选方法，因此，如果是对初选出的最佳候选人进行投票表决，参与面试的同侪和下属最好只拥有否决权。

类别细分

显然，在大型、复杂的组织中不可能使用完全相同的甄选流程和举措，因为不论是工作所需技能、个人所面对的工作环境和条件，还是需要传递给应聘者的信息，都会有很大的差异。因此，组织需要针对特定业务或部门所需的技能开发不同的甄选方式。这些甄选方式也需要与相应工作的特点相匹配。但是，无论组织中有多少不同的甄选流程，它们都有一些共同点：能够吸引来正确的人，能为应聘者提供关于工作的实事求是的描述，并且已被认为能够提供有效的绩效预测。

在组织中，某些工作的完成结果对组织整体绩效起着决定性作用。鉴于这一事实，对这类工作的候选人的甄选决定，组织需要给予特别关注。在传统的组织中，高层岗位一直得到特别关注，但是新形态下的工作与此有一个重大差异：在决定哪类工作应得到重点关注时，岗位层级不应再成为主要的决定性因素，重点应放到那些对组织绩效有重大影响的工作上，而且要向那种不同任职者的绩效之间会存在巨大差异的工作倾斜。这类工作常存在于研究、开发或客户服务等领域。以迪士尼为例，在它的主题公园中，一个很重要的工作岗位就是维修人员和清洁工，因为客人会找他们问路、寻求帮助，这些岗位上的员工与客人的互动是非常重要的。再以房地产为例，销售代表的工作是关键工作，因为最佳销售代表所创造的销售额远超其他销售。

本章小结

选出自己需要的人才对组织来说是一项挑战性和重要性均与日俱增的任务。当前的组织对人才的依赖程度越来越高。因此，糟糕的甄选决策所带来的成本也越来越高。同样，如果使用的甄选人才的举措和流程不能为组织吸引来合适的人才，这也将造成巨大的浪费——组织对这些损失的承受能力会越来越弱。因为工作和工作者的形态已发生了变化，所以许多传统的最佳实践已经过时。

如表 4-1 所示，对于战略性的关键岗位，如何甄选这些岗位上的员工是特别重要的事情。这意味着**组织在甄选环节所付出的时间和努力应该向少数岗位倾斜**。当然，仔细甄选对组织中的所有工作都是需要的，但某些工作值得组织投入更多的精力。

表 4-1　甄选合适的人才

由战略驱动	重点关注对战略性岗位所需人才的甄选，以及与战略性工作相关的行为
以技能为基础	使用技能测试、工作经历、工作模拟和结构化面试等方法
聚焦绩效表现	评估过去的业绩；采用实习安排、获取工作样本的方法
具备敏捷性	了解已掌握的技能以及技能发展历史
类别细分	使用具有工作针对性的甄选举措；聚焦于具有重大影响力的工作
以证据为基础	持续地对所有的甄选举措和甄选决策进行有效性验证

Copyright © Edward E. Lawler Ⅲ and Center for Effective Organizations at USC.

组织需要根据不同工作所需技能的特性差异来采用不同的人才甄选方法。从表 4-1 可以看出，通过技能测试（并且仔细察看测试结果）、使用工作模拟、结构化面试以及察看工作经历这些方法来评估应聘者个人掌握的技能是非常重要的。这也再次凸显了一个事实，即过去的行为是预测未来行为的最佳因素。由此可推导出另一个要点：**人才甄选应以应聘者过去的绩效表现为依据，尤其是当应聘者要做的工作与其之前的工作相似，而且组织有机会观察和验证此人在过去的工作表现时更应如此**。组织可以通过实习安排、获取工作样本、使用工作情境模拟以及进行与工作相关的测试等方法来做到这一点。

关于敏捷性，可以肯定的是，组织要想形成具有敏捷性的劳动力队伍，在人才甄选环节可能需要采用特定的针对性举措：①雇用短期零工或短期合同制员工；②察看个人的工作经历，以判断他们在过去的工作生涯中是否曾完成过灵活且需要敏捷性的任务，或拥有这种经历。例如，他们工作变动是否频繁，是否能够快速学到新技能，是否不断参加一些培训课程？这种敏捷性分析对于致力于发展员工能力的组织特别重要，由于这些组织需要的技能在普通人群中无法获得，或者它们所处的商业环境、技术领域和产品结构正在发生快速变化，而这些变化由组织所培养出的长期雇员来应对是最佳选择。

关于类别细分，大部分的甄选流程应该针对需要招募人员的工作所需的特定技能组合进行设计。这意味着在为组织的不同业务、不同部门以及在不同工作情境下招聘人员时，甄选方法和举措可能会千差万别，因为它们需要根据应聘者将承担的工作以及将隶属的某个部门来进行设计。

最后，表 4-1 显示，持续地对甄选举措和甄选决策进行有效性验证对于组织至关重要。随着目前大数据和分析能力的可获得性日益增加，这种有效性验证的可实现性也日益提高；同时，由于工作特性和工作环境不断变化，有效性验证也变得越来越重要。在某一时间点有效性很高的绩效预测因素，在工作和工作环境发生变化后可能就会成为一个糟糕的预测因素。也许这样总结最好：**甄选过程需要由数据驱动，而且要对数据进行持续地收集和分析。**

第 5 章

发展人才

以合适的方式发展出合适的人才是影响组织效能的关键。长期以来，具有标志性的人才发展和管理体系的组织都是以职业发展为导向的。在有关人力资源管理的文章和书籍中，到处可见关于那些拥有完善职业发展模型的知名公司所采用的人才发展项目的报道，这些公司包括美国电话电报公司、通用电气、IBM、宝洁等。这些组织在识别所需发展的人才、明确所需学习的技能以及为学员提供什么样的学习体验来发展这些技能等方面做了杰出的工作，由此，许多公司在评估自己的人才发展计划时，会以这些组织为标杆来参照。

一切都在发生着变化，要说在人才发展方面也应该有点什么改变并不为过。曾经被视为标杆的那些人才发展模式已不一定仍是最佳实践。事实上，由于当前工作和工作者的形态已发生变化，过去的那些最佳实践在今天已经过时，而且在大多数情况下已不再合适。主要原因包括：劳动力的构成所发生的诸多变化、新技术的发展以及组织对于敏捷性的需求。简单地说，在公司范围内的长期职业发展规划就和在过去半个世纪的文献中占据主导地位的那些最佳实践

一样，已经完全不适合今天的工作与工作者，因为它们难以为组织
激发人才的积极性和敏捷性，而这些正是当前的组织所需要的。这
也就向我们提出了一个关键问题：什么才是今天正确的做法，未来
的最佳实践又可能是怎样的？

由战略驱动的人才发展

在思考"什么样的人才发展实践对于组织来说算是最佳实践"
这一问题时，最好的切入点就是审视组织本身的经营战略，并预计
这一战略将要面对的变化以及变化的速度。这将决定组织应该采取
什么样的人才发展措施、应该发展哪些人，以及对于这些发展对象
将分别采用哪些类型的人才发展措施。组织需要重点关注的是识别
出为维持组织的有效性所需要的技能，以及为这些技能的获取提供
策略性的方向。

在做发展人才的战略分析时，首先应该确定的是组织要实现战
略就必须在哪些方面获得业绩（关键绩效），以及这些关键绩效必须
达到何种级别，同时还要确定对这些关键绩效的需求可能持续多长
时间。然后，基于这一分析，识别出组织所需要的关键技能有哪些。
这些战略分析应聚焦于企业战略执行的关键技能，包括商务能力、
技术能力和客户服务能力。显然，在考虑能力发展计划时，这些能
力应得到最优先的发展。

一旦完成了所需技能的分析并明确了关键技能，那么接下来非

常重要的事情就是关注拥有这些技能的人才的储备情况。很可能一些技能在劳动力市场上可以轻松获取，而另一些则不能，原因可能是组织所需要的技能太具有特殊性以致供给太少，也可能是这些技能的市场需求太过强大以致难以获得。

组织在完成对所需技能及其在劳动力市场上的可获得性程度的分析后，就可以进行下一步——制定发展和获取所需人才的工作计划。这一点说起来容易做起来难，其中的关键在于：组织所致力发展的人才，应限于那些不容易在劳动力市场上获得的人才。更深刻地说，**重点应围绕那些对组织的全面成功及战略实施起至关重要作用的技能**。

人才组合策略

任何组织都会面临一个关键的战略问题：应该采用何种人才发展与用工模式的组合策略。哪类员工应被视为组织的人才发展候选人和核心员工，组织应该拥有多少名这样的员工？哪类员工应被视为是"传统"的员工，组织又应有多少名这类员工？另外，哪类工作应该采用兼职、临时外包或零工形式？这类员工的数量又应是多少？这些问题的答案取决于该组织有何种经营战略及其面临的环境。做出正确的选择对组织能力的长远有效性是至关重要的。对人才的错误投资必然带来组织不可承受的成本和经济问题，而且在劳动力市场没有现成的技术人才的情形下，如果组织没有在发展成熟的技术人才方面进行投资，也会带来同样的损失。具备正确的人才类别和人才数量是实现组织效能的必然之路。

组织面临的一个关键问题就是：如何识别和定位自己在人才发展、人才保留和用工模式等方面应该采取什么样的差异化策略，应该具备何种类别以及相应多少数量的员工。组织必须决定要将哪些类型的技能和能力纳入组织当前的人才发展领域以进行自我培养，哪些则可以在劳动力市场上获得。这就是劳动力市场供需分析变得重要的原因所在，同时也是组织的核心竞争力议题开始发挥作用之处。按照一般原则，如果人才可以在劳动力市场获取，那组织就应该从劳动力市场获取。

当前，组织如果想对人才组合策略进行正确的定位，就越来越需要具备多种人才模型。组织对人才所做的类别细分要能够反映出劳动力市场的实际情况，同时反映出组织所需要的技能在本质上的变化，以及组织所面临的敏捷性要求。人才策略组合本身并不是一种新情况，其实大多数组织采用不同类型的人才培养模式已长达数十年，例如，对于按周计薪的员工和按小时计薪的员工，组织通常采用不同的方法进行管理。与以往相比，不同之处在于三方面：对人才进行分类的原因，以及组织所需的分类类别和分类广度。

将来，大多数组织都需要对人才进行类别细分，而这种分类不是基于组织中的官僚层级，而是基于组织战略、劳动力市场供给以及敏捷性需求而做的。这就意味着在决定组织需要使用哪些类型的就业协议（用工模式）时，组织架构和传统做法这两个因素将不会像过去那么重要了，而这也将在很大程度上推动组织为就业者提供多种类型的就业模式。以电影业和建筑行业为例，这两个行业中的人才都被细分成了若干类，针对不同类别都有对应的差异化的人才发展模式。他们会为一些雇员的发展进行投资 (比如，相应的制片人或高级管理人员)，而其他人（例如，演员或建筑承包商）的发展则主要"靠自己"，在某些情况下要依靠工会提供的培训和福利。对于许多组织来说，人才管理的战略性类别细分是一项重大变革，要完成这项工作就需要组织准备好一套逻辑严谨、表述清晰的战略信息，以及来自人力资源和高管团队强有力的领导。

人才的入职引导和保留

在与求职候选人沟通招聘事宜时，就应该让他们清楚地了解组织中的人才发展原则。如前文所述，大多数组织需要提供基于战略导向的、多种类型的员工发展计划，从为那些具有终身雇用保障的员工提供持续发展和成长的机会，到对于短期雇用员工既不提供培训，也不提供就业保障，等等。关键在于要让所有潜在的和在职的雇员都清楚地知道组织对他们会有怎样的安排。这种安排并不一定是固定不变的，它可以是动态变化的，也就是说，人才被雇用后可能会被重新安排。再进一步，这些安排可以根据人才自身的需要、人才所拥有的技能以及组织的需要进行调整，但不论怎么调整，非常重要的一点就是：无论何时，个人都应该知晓当前组织是如何安排自己的发展计划的，以及他们自身能够从组织中获取什么。

公司要让员工清楚地知道公司对他们的职业发展是如何安排的，在这方面奈飞公司可以算是一个领先者。奈飞公司网站上的内容很全面，员工通过网站可以对"能力发展模型"获得清晰的了解。对于奈飞公司的绝大部分员工，其能力发展模型都具有一个共同特点，即对员工的能力发展承担大部分责任的，是员工自己；同时，公司也不会承诺为员工的工作或更长远的职业发展提供保障。奈飞公司不认为自己能确保为员工提供长期就业或完整职业生涯的机会，但它为员工提供了有趣的工作和很高的薪水。造成这种情况的原因在于奈飞公司的业务正在经历着快速变化，它已经从单纯的"出租DVD"业务发展到"传输和制作（影视）内容"业务，因此奈飞公司认为它在以下两方面无法对员工做出合理的长期承诺：一方面是保证就业机会，另一方面是从获取未来成功所需能力的角度帮助员工发展个人技能。奈飞公司认为自己可以承诺做到的就是：随时告诉员工，公司认为业务的发展方向是什么，未来的关键技能和关键人才可能会是什么。

奈飞模型与其所处的行业——娱乐行业是相匹配的，这个行业一直在变化，并且变化速度日益加快。因此奈飞在许多方面的做法恰恰反映了它所面对的真实商业环境。奈飞的经营战略和人才发展战略能够适应其所处环境的迅速变化，也能为其提供成功所需的技术和管理技能。

要通过入职流程让员工获得正确的有助于人才保留的信息，组织只能做到这么多，但这是正确的起步阶段。组织从一开始就应该给员工一个明确的信息——他们可以期待什么样的未来。这一点对于那些能给组织绩效带来突出成果的关键人才来说，尤其重要。组织应该向这些员工清楚地表明：组织会致力于让他们获得发展，并承诺会为他们定期、持续地提供职业指导和鼓励。对于那些非关键性的或没有突出业绩的员工，组织应向他们给予明确的承诺：只要他们留在本组织工作，他们将会被如何对待。例如，组织可以告诉这些员工，只要他们的工作是组织需要的，并且他们的业绩良好，他们就可获取公平的薪水和奖励；组织还可以向这些员工保证，若发生任何影响到他们就业情形的变化，他们一定会被尽早告知。

当然，拥有一个强大的入职引导流程并不等同于组织在日常运作中就拥有了持续的、有效的人才管理体系，但它是组织与员工间建立正确关系的关键性的第一步。入职引导流程在员工真正被雇用之前就应该开始，这一流程的第一步应该是"对工作进行真实预览"。一旦员工加入组织，接下来就要让他们进一步了解在组织中有哪些职业方向可供选择，确保他们知晓如何获得职业生涯指导和资源支持，并为他们提供一个环境，使其可以获得有意义且适合他们自己的发展机会。

所有的经理都应接受关于发展和保留员工的培训，而且他们在这方面所做的工作也应受到奖励。但是，这种工作往往不被衡量也不被奖赏，因而经理就不再去做他们能够做且应该做的，对下属进行教练、指导和发展等工作。

入职成功的一个关键因素是员工进入组织后的首个工作环境。对于关键员工来说，进入一个积极正向的工作环境是尤其重要的。因此，让他们进入一个合适的团队、跟着合适的主管，是对他们进行后续发展和保留的关键一步。

组织不仅要帮助新员工顺利入职，还要避免出现员工入职不久就离职的问题，让新员工加入一个社交关系融洽的群体有助于解决这一问题。这个群体可以是一个虚拟组织，也可以是由公司赞助的个人社群，不论哪种形式，重点在于这些群组可以帮助员工感受到自己是组织的一部分，也可以使员工提出的问题得到及时解答。其实，人才入职不久就离职，很多情况下是由于他们未能在组织内建立起任何形式的社交关联，因而无法感觉到自己是组织内的社交网络和社交关系中的一部分。

针对性的人才培养

发展员工技能的成本通常都是不低的：培训时间会占用生产时间，培训师的费用是昂贵的。因此，如果拥有类似技能的人才能够在劳动力市场中获取，那么采用培训的方式来发展员工技能往往不是一个好投资。即使从外部雇用技能熟练的员工会导致薪酬支出偏高，从总体成本来看，雇用熟练工往往还是比培训员工更便宜。当然，由组织为员工提供技能发展的这种方式可以为组织带来一定的优势，且这些优势已经得到证明，包括能够提高员工对组织的忠诚度、降低员工的离职率。但是，在当今环境中，对内部员工进行技能培训与发展所产生的成本，已超过上述优势带来的益处。

在这种情况下，当今的公司在制定能力发展计划时，可以考虑采用一种替代传统培训形式的做法，即使用基于互联网的培训与发展方案。为组织提供针对员工特定能力发展的在线学习的供应商很多，比如在线学习平台 CrossKnowledge ⊖和视频课程学习网站 Lynda.com ⊖。组织可以采用的方法是：为员工提供可获取的、用以发展个人能力的课程，让员工自我发展。通过使用此方法，组织就不需要再对员工个人的发展方向进行引导，或者是对发展结果做出什么承诺。因此，如果是为了让员工掌握正确的技能，这种方法就是一种低成本、低风险且能带来好处的能力发展措施。对于员工来说，因为能力发展的机会是可获得的，所以"为该组织工作"就变得更具吸引力且"风险"更低。

基于个人业绩来决定个人的能力发展计划，这本身是合理的，

⊖　CrossKnowledge 是世界领先的基于云计算的远程学习解决方案的提供商，成立于 2001 年，为遍布全球的跨国公司、大学以及中小型企业提供订阅型的数字化学习解决方案。2015 年被全球第三大综合出版教育培训集团 Wiley 集团全资收购。——译者注

⊖　Lynda.com 是世界领先的在线教育网站，由 Lynda Weinman 和 Bruce Heavin 夫妇于 1995 年创建，2002 年开始推出在线课程，使用付费订阅制，网站上提供原创性的包括软件、商业和创意技能等综合性内容的在线学习视频，且坚持传统教学方式——90% 的内容在室内录制而成。2015 年被全球职业社交网站领英（LinkedIn）收购，为后者的职业用户提供在线教育机会。——译者注

但是不要将关注对象局限于或主要针对那些业绩表现差的员工。能力发展应该是对员工良好表现的奖励，它所针对的也应该是那些想要发展自我的员工。不管怎样，在对员工的能力发展做出承诺之前，分析下是否值得支出这项成本是很重要的。当员工（尤其是在重要岗位上的员工）表现不佳时，最好的解决办法通常就是换人。对培训和发展进行投资可能成本高昂，与换人相比，前者带来的绩效改进速度远慢于后者。

当然，凡事总有例外，但是在大多数情况下，如果一种技能可以通过招募新人来获得，那么最好这样做，这比培养一个现有员工掌握这一技能要好得多。不过，这并不意味着组织在当今和未来的环境中不应该设置包含培训和发展机会的职业通道。组织需要针对某些技能建立起职业发展通道，只是这类技能的数量会越来越少，而且它们一般都是能为组织带来差异化优势的独有技能。

当一个组织在某一领域中具有技术领导地位时，聚焦员工的技能发展是很有意义的。如果组织是在"管理体系"和"客户关系"这两方面具有独特的并且能为组织带来竞争优势的运营方式的话，那么对组织内的人才进行这些方面的技能培养也是非常重要的，因为这些技能无法通过劳动力市场获得，但又恰恰是它们为组织提供了竞争优势。

最后，请记住："**培养发展**"本身是一个强大的人才保留工具。

考虑到费用，它可能不适合于组织内的短期雇用员工，但是如果特定人才的保留已经成为关键问题（例如，这些人才所承担的工作、所具备的技能能为组织带来差异化的竞争优势），"培养发展"就可以成为强有力的人才保留措施。

职业生涯模型和敏捷性

一旦组织确定了自身所需的核心技能，明确了拥有这些技能的潜在人才所处的劳动力市场状况，并且了解了组织自身在获取竞争优势方面所具备的条件，那么它就可以制定出正确的职业生涯和人才发展模型（也可能是多个模型）。发展模型有很多种，从当今被称为"应用经济"（App）或"零工型"（gig）的人才发展模型，到传统的致力于内部员工发展的模型，具体采用哪种或哪些模型，取决于组织对人才的需求。

有的组织在发展过程中会被迫改变其针对员工的职业生涯和人才发展的模型，AT&T 就是一个很好的例子。前面我们曾经提到过，AT&T 曾经是员工的职业生涯发展方面的最佳实践典范，当时它所使用的模型所适合的是变化缓慢且受管制的电话业务。然而，当今它所处的通信行业变化迅速。在这种情况下，AT&T 仍然会与员工谈论职业生涯的问题，但已经开始强调员工个人必须对他们自己的发展负责，并且要不断进行自我发展。比如，AT&T 公司会为员工的"微学位"（nano degrees）[⊖]在线教育以及其他个人申请的课程学习提供资金支持。不仅如此，AT&T还会花精力来梳理组织未来所需要的技能清单，并确保现有员工对此能够有清晰的了解。

有些组织内部的工作环境变化非常迅速，并且其所需要的技能是相对容易获取的，没有哪种技能会带来突出的优异绩效。这类组织非常适合采用的雇用关系是临时工、短期合同工以及零工。还有些组织在面对这种情况时会采用基于任务周期的雇用关系，其特点是不承诺长期雇用，并且对"任务存续期"内的全职雇员基本不会提供有关能力发展的安排。

组织如果要采用零工和基于任务周期进行雇用的这类用工方式，那么它将需要拥有一些核心人员，依靠他们来保持组织的文化和规范并制定业务的长期战略。而对于大部分的雇员来说，雇用协议的目的是要保证：只有当员工具备合适水平的、组织开展业务所需要的技能时，他们才会被留用。

在这类组织中，谁最可能是关键员工？通常情况下有两类员工：一类是高级管理人员，因为他们要努力实现组织的长期战略、提高组织的生存能力；另一类是那些对组织的产品开发和成果交付起着独一无二的重要作用的员工。对于这些承担着重要且具有高附加值

⊖　"微学位"指通过短期内参加内容高度集中的课程学习而获得的教育结业证书，AT&T曾与在线教育网站Udacity合作展开在线教育，推出的"微学位"课程以初级水平的计算机软件技能为学习重点，学习者可以在线获得学位，课程时间不到一年，费用约为每个月200美元。——译者注

的工作的员工来说，其职业发展模型中就应包含员工的长期雇用协议和发展机会承诺。看起来，这种雇用形式和职业生涯发展之间的关系与过去的通用电气模式和 IBM 模式比较相似，或许更像前文提到的 AT&T 的最新模式。这类员工在组织的员工总数中很可能占比很小，但因为针对他们的职业发展所投入的成本很高，所以他们可能是组织中最为昂贵的雇员。相比之下，大多数员工产生的人才发展成本是比较低的，因为针对他们的能力发展花费很低，组织也不太关注对他们的保留。

什么样的组织适合使用零工或基于任务周期的雇用方式呢？那些为其他组织提供临时劳动力的组织，以及那些提供多种服务的组织，都可归于此类。这其中包括临时就业中介机构（如全球最大的自由职业在线平台 Upwork ⊖），也包括呼叫服务公司（如专车服务公司优步）。这些组织只是提供一个平台，使个人与企业可以在平台上直接进行交易，进而为企业提供服务，这就使平台公司可以在最低程度上维持开发成本。当然，雇用零工的情况下存在一个法律问题，即这些零工是否应被视为公司的雇员。但是，即使他们是公司的雇员（其实在许多情况下他们不是），公司为他们的能力发展进行大力投资也是意义不大的。采用基于任务的雇用模式的组织包括：针对变化迅速的技术进行开发并加以利用的公司、从事项目或建筑

⊖ Upwork 是一个全球性的自由职业网上工作平台，由 Elance 和 oDesk 合并而来，企业和独立的专业人士（自由职业者）在此平台上联系和远程协作。在 2015 年，Elance 和 oDesk 被更名为 Upwork。公司总部位于加利福尼亚州旧金山市。截至 2017 年，该平台拥有 1200 万名注册的自由职业者会员、500 万家客户企业。——译者注

工程的公司、娱乐行业或是提供季节性服务的公司。

　　要对不同类型的人才培养模式进行分析，方法之一就是将采用不同模式的组织的各自情况进行对比。在传统模式中，因为大多数人都是长期雇员，所以组织愿意对他们进行投资来发展能力。而在零工雇用模式中，只有少数人属于核心员工，组织会为这些人的能力发展进行投资，但这里也有个前提，即组织中的绝大部分工作都是由零工或短期合同工所完成的。这两类模式都是潜在有效的人才职业生涯和能力发展途径——当然，它们的不同组合模型也同样可能有效。关键的战略问题是——如何找到正确的人才发展措施的组合策略，以使组织能够基于下列能力中的一个或多个来获取自身的竞争优势：敏捷性、速度、技术知识、成本和产品质量。

人才保留

　　人才保留是人才发展模块中的一个主要问题。从行政管理和能力发展的角度来看，员工离职的成本是昂贵的，但是人才流失的最大损失往往是组织失去了这些人才所拥有的生产力。当然，不同人才的价值是有巨大差异的。在某些情况下，人员的离职可能不会带来什么价值损失，因为这些人并不拥有在劳动力市场中很难找到的技术、能力或者绩效水平。反过来，如果某个人拥有独特技能和高水平的绩效，这一人才的流失可能就会带来高昂的损失。现在，与人才保留和人才流失相关联的成本含义已经清楚了，在此基础上，组织需要仔细监控人才流失带来的成本，并有所行动——他们需要竭尽所能去保留那些替换成本很高的人才。

个体为什么会离开组织，关于这一问题存在着大量的理论和研究。对这一问题的研究始于一个基本观点，即工作满意度与离职率存在着密切关系——不开心的员工会离开，开心的员工会留下。这就引出了一个问题：什么会让员工感到开心？对此展开的大量研究表明，没有哪一样东西能决定满意度，但可以确定几个关键影响因素，其中包括：员工所做工作的性质、员工得到的报酬，以及上司是如何对待他们的。员工获得的职业生涯与发展机会的不同类型对此也会产生影响。员工在组织中发展和晋升的机会，也是影响员工满意度和保留度的强有力因素。

组织内的员工在入职一年内离职的比率是很高的。当然，这一比率会因组织本身的差异和员工所从事工作类型的差异而有很大差别。它可以达到70%或者更高，但很少低于25%。这么高的早期离职率是由多种因素造成的，但看起来年轻员工对自己事业的态度对此的影响程度正日益上升。年轻员工希望在一生中能经历多种工作，因此每两到三年换个工作在他们看来并无不妥。当然，对组织来说，任职期很短并不总是问题，这取决于员工个体所掌握的技能难度以及替换他们是否方便。但对于那些关键的、难以替换的人才，员工流失，尤其是新员工流失的代价是非常昂贵的。

对于其他公司向自己的员工提供工作机会这件事，组织基本是无法控制的，但在员工被如何对待以及由此带来何种满意度方面，组织有大量的工作可以做。正如我们在这一整章中不断强调的，那些具有关键技能的员工需要得到超出市场水平的更优待遇。怎么理解这一点？这意味着他们需要得到远高于市场水平的回报，目的是使其他组织不太可能用更好的条件来吸引他们离开。不过，相同情况不一定适用于其他员工，这也可能会导致其他员工质疑内部公平性的问题。实际上，当组织要聚焦战略性的能力和人才时，这一后果将不可避免，这是人才经济的必然产物。在采用由战略驱动的人才管理体系中，组织应该向所有员工解释这一点。

要识别哪些员工有可能会离开，组织定期进行员工态度调研来了解敬业度和满意度的状况是非常重要的。由于大多数的调研是匿名的，组织通常并不能从调研结果中看出具体是哪些人可能想离职，但调研结果可以显示出组织内有哪些区域、哪些关键技能的群组中正面临着员工流失的危险。组织可以，也应当频繁使用在线"脉动调查"（pulse survey）⊖来跟踪员工满意度的变化，并确定所需采取的行动。组织要以调查结果为依据来采取行动，并确保调查结果和所采取的行动之间有清晰可见的关联关系。

一些组织发现，它们可以通过观察工作满意度以外的因素来预

⊖ 常见的 pulse survey 是指面向公司员工所做的关于满意度、生产力以及员工态度等方面的调研，通常每年做一到两次，且定期开展。调研目的是使不同层级的管理者可以通过来自公司员工的反馈，获取反映公司"健康"状况的信息。——译者注

测员工流失，例如，员工在互联网上的特定行为表现。浏览求职网站、在领英网上表现活跃，或者在社交媒体论坛上发表特定内容的帖子，这些行为都表明该名员工可能正在考虑离开本组织。其他因素还有员工的出勤行为、绩效表现。在这个领域，数据分析和类别细分方面的技术应用可以带来丰厚的回报。

总的来说，观测所有人才的行为和态度是很有意义的，这有助于确定他们是否有离职的可能，对于关键人才，这尤其重要。显然，当组织确定了某些人才有可能离职，接下来就需要采取步骤来保留关键的个人和群体，尤其是那些拥有决定性的关键技能的人员。简而言之，组织需要一个针对目标人才的保留体系，这一体系需要包含对关键人才离职风险的预警指标，以及如果发生"险情"组织将会采取的纠正措施。

人力资本报告

如前文所述，人力资本是组织越来越重要的资产，在许多情况下，它是组织最为重要的资产。因此它应该像组织所拥有的金融资产和实物资产一样，成为所有管理者日常思考和日程安排时需要最优先考虑的内容。遗憾的是，实际情况并非如此。管理者和公众会定期收到关于组织的金融资产和实物资产的状况报告，这些报告都是公开的，并且都由独立的会计师事务所审计。但是，大多数组织很少向它们的员工、股东和公众报告它们自身的人力资本状况，也很少报告这些人力资本是被如何对待的。

在过去的几十年中，通过调研的方式来了解员工态度的组织数量一直在增加。但是，这些调研的结果通常不公开，也不总是被用作组织变革的杠杆手段。很常见的情况是，关于组织如何对待人才这方面的最佳信息，可以在像玻璃门网这类做员工调研并发布结果的网站上找到。

组织要想对人才进行有效的管理，就需要具备合理有效的人才测评系统。被衡量的事物会被关注，而未被衡量的事物就不会被关注。再进一步，被衡量并且被公开报告的事物明显会比那些虽然被衡量但结果却保密的事物得到更多的关注。因此，在当今这个"人才"对组织来说非常重要的时代，组织衡量其人才状况并将结果向内部员工和外部股东双方进行汇报这件事就显得越来越重要了。

至少，组织应在内部统计常见的人力资本指标状况，例如员工离职率、缺勤率、满意度、敬业度以及组织用在培训和发展方面的支出等，并让组织中的每个人都知道这些指标的统计结果。此外，管理者应对其管理领域的结果负责，并基于这些结果获得奖励。

在推动企业就"人才管理和发展状况"实行公众报告方面，人们已经做了大量的工作。一些公司的年度报告中会不定期地提供关于其人才状况的有限信息。还有几个机构已经制定出一些标准，用于报告诸如培训、发展、缺勤旷工和人才流失等方面的成本和活动量级，但到目前为止，还没有出现一套被普遍接受的向投资者和公众报告这些数据的标准体系。这就是说，虽然组织说人力资本是最重要的资产，但是股东、高管和经理通常得不到关于这份重要资产情况的任何数据。这种状况显然需要改变，尤其是在主要的以及重要的内容方面。组织需要报告它内部的人力资本现状，以及与人力资本管理相关的成本数据。此外，管理者还需要对组织的人力资本发展的执行情况负责。只有做到这些，人才管理工作才能获得在新的工作形态下应得到的关注。

本章小结

组织应根据其经营战略以及成功实现此战略所需的技能来决定所应采取的人才发展措施。如表 5-1 所示，人才发展策略的关键在于：**运用经营战略来确定采用何种类型的人才吸引和人才发展措施，同时也要确定组织与人才之间使用哪类模式的就业协议、劳务合同**。在绝大多数情况下，由战略驱动的人才发展策略都会使得组织内出现多种职业生涯发展模型。也就是说，针对不同类别的人才，组织会使用不同的策略，在某些策略中，有的员工不能获得发展机会，但另外一些人却可能得到广泛的、长期的发展支持；还有些员工会成为全职员工，而另外一些人则可能是非全职员工或零工。

表 5-1　人才发展

由战略驱动	聚焦关键人才；制定与战略要求相匹配的多种用工模式组合
以技能为基础	聚焦对关键技能的发展及保留
聚焦绩效表现	基于技能和绩效表现进行奖励和人才保留
具备敏捷性	建立结构化的用工模式和人才发展体系，以应对组织对提高敏捷性的要求
类别细分	基于所需技能，开发和创建不同类别的劳动关系
以证据为基础	对人才发展策略的成本和收益进行分析；评估员工敬业度和流失率

　　在绝大多数情况下，组织应该全职雇用那些拥有关键技能的个体，而在这些个体占据相当大比例的情况下，组织应该为这些个体提供一份长期就业合同。组织为这些拥有关键技能的人才提供的雇用待遇应该取决于他们的业绩表现，对他们的奖励方式也应该是有助于留住他们并激发他们去发展技能的。对于不掌握关键技能的员工，多种用工模式的组合使用可能更加合适。这类员工所在的岗位可能属于低技能发展、低就业保障，但却需要全职雇用的类型；或者他们可能只是在与组织有具体交易关系时打个零工。

　　敏捷性应成为组织实行何种类型的人才吸引、人才发展和人才保留策略的主要决定因素。组织对自身的敏捷性要求越高，就越需要在以下方面进行（可能相当困难的）决策：是培养和发展现有员工以使他们能够应对组织所要发生的变革，还是通过替换某些员工来使组织能够在变革中保持或提升自身的组织绩效和能力？对于那些决定自己必须变得更加敏捷，但却因成本、速度或其他原因而不能成功进行员工再培训的组织，显然应该采取有限但具有高度针对性的人才发展方法。这类组织需要成为知道如何通过劳动力市场去填补岗位空缺的专家。

在当今世界，大多数组织都应该已经完成了对员工队伍的显著的类别细分。在吸引人才方面，这种分类就意味着组织为不同员工提供的雇用待遇将会有所不同，对于个人的成长和发展，从只提供很少的发展机会或干脆不提供发展机会，到给予广泛的投资，各种情况都可能存在。关键的问题是：确保你所选择的技能以及技能的发展对象（员工）都是正确的，同时，要重点关注如何保留这些正在被培养发展的员工。

如果组织在关于人才招聘、人才发展和人才保留工作的有效性方面缺少相关的管理数据，那么就很难判断这个组织的人才发展和人才保留机制是否真的运作良好。人才管理的关键在于让正确的人获得发展并使他们对组织产生认同。在整个组织层面的基础上开展此项工作，就需要获取在人才招聘、发展和保留等方面的成本和效能数据。在考虑"人才发展"是否是最佳策略时，组织尤其需要成本数据的支持。这种分析需要大量数据和仔细测量，但这是必须要做的，它是建立人才发展体系的基础。

人才发展项目的有效性到底如何，这也是一个重要议题。许多组织耗费数以百万计的美元用于人才发展，但却缺少有关这些发展计划的可靠的成本与收益数据。良好的人才发展决策需要有良好的数据作为证据，包括哪些是有效的、哪些是无效的、需要投入多少钱以及它是如何影响（支持或未支持）组织经营战略的。

第6章

奖励人才

大多数组织的薪酬体系不关注技能和胜任力、经营战略、团队和组织绩效，也不关注在员工层面的个体在"需要"（want）、"需求"（need）和"价值观"（value）等方面所存在的差异。相反，它们仍遵循传统的官僚层级模型，以岗位评估体系、绩效工资和一套固定的附加福利为基础。而这种薪酬体系对于大部分或所有的计时制雇员通常都是相同的。对于计薪工人、高管以及销售人员，通常有根据岗位评估确定的薪酬计划，其中会包含绩效加薪和福利。在一些组织中，薪酬计划中还会包括股票、利润分享和额外的奖金发放。但就总体而言，大多数薪酬体系未能聚焦于解决当今工作环境中所存在的关键问题。

薪酬体系需要如何设计以适应在工作的新形态中运作的组织和个体？答案很明显：它们需要关注个体所拥有的技能和胜任力，关注这些个体对提高组织绩效所做的贡献，关注雇员的需求、欲望（desire）以及对现金和非现金报酬的偏好。要做到这一点，薪酬体系需要采用一些尚未得到广泛接受和应用的做法。

为技能付薪，而非为岗位付薪

目前在企业中占据主导地位的薪酬模式是规定员工的薪资水平主要取决于其所处的管理层级、所在岗位的工作性质，及该岗位在劳动力市场上的薪酬水平。这种模式的关键工具是一套评价体系，即按某种尺度衡量岗位属性，然后对岗位进行评分。使用这个方法，再加上薪酬调研，组织中对特定岗位支付的薪酬水平就可以与其他组织进行比较了。

基于岗位付薪的问题在于，在劳动力市场上具有价值的是人，而不是岗位，由此可见，吸引、保留和激励拥有熟练技能的人才的最佳方式是基于其所具备的技能支付薪酬。当然，今天大多数组织都会针对一些员工采用基于技能进行付薪的方式，但这种做法仍然属于例外手段而不是常规做法。例如，一些知识型员工的薪酬是基于他们拥有的某种技能，但是在许多情况下，这种薪酬的给付只是根据知识型员工所拥有的专业知识种类而定，不由其专业知识水平高低决定。在许多领域，员工的个人薪酬应基于其拥有的与工作相关的专业知识种类和水平来确定。这类领域包括金融、会计、工程、人力资源，当然也包括软件及各类研发领域。

一些组织的薪酬水平定位要高于市场水平，另一些组织的定位是与市场水平持平，还有一些组织的薪酬水平定位是低于市场水平的（虽然他们很少公开这么说）。在这种确定薪酬水平的模式中，完全缺失或仅起到微小影响的因素有两点：①要能聚焦对提高员工个体的工作绩效至关重要的那些知识和技能；②要能鼓励员工去发展这类知识和技能，并不断提升水平。因此，这种薪酬模式实际上是在鼓励员工转去那些岗位评价得分更高的岗位，因为这是他们能够获得加薪的途径。

宝洁公司和另外一些公司从 20 世纪 60 年代开始，将高参与度管理模式（high involvement management）引入其旗下的制造工厂，并在这些工厂中推行"团队自我管理"模式——这一模式推动了"基于技能付薪"的有限应用。因为在这些采用高度参与管理模式的工作场所中，**个人所得到的薪酬主要是由他们自身所拥有的技能种类和数量确定的**，并不是以他们在特定时间点所在的岗位为依据的。这就鼓励了员工去更广泛地了解工作流程，变得更加灵活，更愿意提高技能水平。这是确立基于技能的薪酬体系的有效性的重要一步，这也表明它可以取代传统的基于岗位评价的薪酬体系，因为它是更有效的一种直接为组织效能做贡献的方法。

确立基于技能的薪酬体系有效性的第二步，是**所有组织的薪酬体系应该迈向由战略驱动**，也就是说，要基于大多数人才（即便不是全部人才）所拥有的与组织的业务和战略相关的技能在市场上的价值来确定薪酬体系。一套基于技能和知识的薪酬体系是激励员工学会新的关键技能，并且有助于组织吸引和保留具备合适技能的人才的极好方法。因为岗位本身不具有市场价值，具有市场价值的是岗位上的人才，这种薪酬体系可以为组织提供一个有用的工具，帮助组织吸引和发展所需人才——组织在知识型行业中要想获得竞争优势所必须具备的人才。

　　基于技能和知识的薪酬体系可以为组织创造出这样一种机会——用高于市场水平的薪酬支付给那些最有价值的员工（以激励并留住他们），以及鼓励员工去掌握那些对组织效能起到主要决定作用的技能。可以说，**基于技能和知识的薪酬体系是确保人才管理体系能够支持组织实施战略计划以及提高组织敏捷性的关键因素**。也正是这个原因，诸如 GoDaddy [⊖]、谷歌和奈飞这一类的科技公司正越来越多地采用这种付薪方式，尤其是在向自己的知识型员工付薪时。这些公司通过观察市场上具有相同或类似技能的人才能够达到的薪酬水平来确定自己员工的薪酬水平。例如，对于软件类人才，组织就可以基于市场上不同技能水平的软件人才所对应的薪酬水平来确定提供给相应人员的薪酬。

　　基于技能和知识的薪酬体系的可行性越来越高。一方面，在向具有某些特定技能组合的员工支付何等水平、何种构成的薪酬方面可获取的相关数据越来越多；另一方面，借助现代信息技术，对技能的评估手段也比以往任何时候都更易于使用、更有效。此外，基于技能付薪这一措施是与组织的战略需求直接关联的——强调敏捷性、培养员工掌握关键技能、将"人"（即员工）定位为竞争优势的一大来源。

　　当组织转而采用基于技能和知识的薪酬体系时，通常会遇到一些执行层面的关键问题。例如，组织需要决定让哪些员工去学习和

⊖　GoDaddy 是目前全球最大的域名服务商，总部位于美国，成立于 1997 年，为用户提供域名注册、专业级网站构建、定制化建站、主机托管等一站式的网站服务。——译者注

发展某些特定技能，还要衡量这些员工最终是否真得掌握了这些技能。这些问题没有简单的答案，但我们将在第 7 章中谈到在组织与员工个人讨论其职业发展以及他们给组织带来的价值时，上述问题应该成为绩效管理沟通内容的组成部分，并且这种沟通不应是一次性的，而应是持续不断的。

组织何时会决定"需要让某些员工去学习新技能、获得新知识了"，以及如何做出这一决定，这两点对于采用基于技能和知识的薪酬体系的组织都非常重要，它们需要对此提供清晰的说明。组织还必须非常清楚自己需要哪些技能，并且愿意为掌握这些技能的个人支付薪资。如果员工所获得的技能只是因岗位需要而与战略无关，那么为这种技能付酬是没有意义的。有效的基于技能和知识的薪酬体系在操作层面需要具备的另一个要素就是：要能够有效地衡量员工是否已掌握了特定的技能和胜任力。关于这一点，组织需要在员工开始学习之前就予以明确，如果员工要签署关于学习新技能的协议，就更不能忽视。

最后还有一个问题，就是当组织不再需要某一技能时怎么办。在当今瞬息万变的环境中，对于技术和其他许多类型的技能而言，这种情况是很可能发生的。最好的办法是让相关的那些员工知道，他们有偿受薪的某项技能（或多项技能）已不再被组织需要，但组织会给他们一段过渡期以将其旧技能替换成组织所需的新技能。如果他们做不到这一点，就意味着他们不再掌握同他们现有的薪酬水平相匹配的技能，因此他们的薪酬将会减少。

在某些情况下，可以替代"基于技能的薪酬"的做法有：个人奖金、一次性认可或其他因学习新的技能而给予的奖励。这些做法特别适合的情况包括员工个人的基本工资与市场水平相比已相当高，或者如果对员工进行加薪就会造成其基本工资大大高于市场水平。与其让雇用某个人的工资成本变得过高，不如为他提供一次性现金奖励、公司股票，或者用其他的奖励形式引导他们去学习另外的技能或新的才能。

考虑到当今世界上的工作性质瞬息万变，员工需要在相对较短的时间内学习或掌握新技能，因此，基于员工能够做什么来支付薪酬就是最佳的解决办法，因为这种付薪方式直接针对技能进行奖励，由此也能够驱使员工学习相应的技能。这种做法在某些情况下耗费的成本是比较低的，而且在许多情况下，它比那种用掌握该技术的新人来替换旧人的方法更为有效。在所需技能的学习时间不长或该技能在人才市场上的价位很高的情况下，尤其如此。

基于技能的付薪方式非常适合零工经济或按需用人的经济模式——这种经济模式在很大程度上将基于某人能做什么来支付薪酬。在这种情况下，当组织要决定采取何种用工策略来完成工作时（例如，是雇用零工来完成还是雇用长期员工来完成），这种付薪方式会更便于在不同的策略间进行直接比较。

没错，基于技能来支付薪酬确实是一项巨大的变革，但这种做法是必要的，因为当今敏捷而高效的组织是以技能和胜任力为基础的，而不再像从前是以官僚层级（相对固化）的岗位描述为基础，基于技能付薪就是推动这种转变所需要的做法。如果组织希望转变员工、激发员工去发展组织所需要的技能，它们就必须这么做。基于技能付薪还可以为组织带来一个优势，即可以使其薪酬体系同组织希望对哪些关键技能进行奖励和保留的理念保持一致，因为针对关键技能支付更高的薪酬本身就是彰显组织这些理念的非常有效的方式。

人才市场正在逐步变成基于技能的市场，而不再是基于岗位的市场了。组织要想吸引和保留那些拥有组织所需的、具有重要战略意义技能（或就此而言的任何技能）的人才最有效的途径就是：基于人才能做什么以及组织需要他们做什么来支付薪酬，而不是基于其他组织为类似岗位上的人支付了多高的薪酬。

市场定位

简单地说，提供高于市场水平的薪酬是可以给组织带来回报的，尤其是当这种高水平的薪酬是针对那些关键性的绩效和技能时。为什么这么说？因为它有助于组织吸引和保留各类人才，尤其是关键人才。工资和其他报酬是人才能否被组织的待遇吸引以及能否对待遇感到满意的关键。因此，高水平的薪酬定位将有助于降低离职率，对雇主品牌也有积极的影响。当然，它不是唯一能够吸引并留住员工的因素，但是如果缺少它，组织就很难证明自己是有吸引力的雇主。当然，组织可以强调自己的社会目标和使命，在某些情况下这的确可以弥补低于市场水平的薪酬定位，但这只对为数有限的人有吸引力，对于许多组织，这种薪酬定位都是很难有说服力的。

支付高于市场水平的薪酬，其关键问题当然是成本。那么这样做真的合理吗？通常来说是合理的，因为它可以降低离职率并吸引到更高质量的员工队伍。但还要额外考虑一点：组织是否期待并要求其雇员表现出高于市场水平的业绩。如果一个组织能够及时剔除那些业绩和技能低于市场水平的员工，那么这种高于市场水平的薪酬定位策略就是有效的。

奈飞公司是高薪、高绩效文化组织的一个很好的例子。该公司说得很明白，绩效不能超出市场水平的员工将不会继续被雇用，并且公司也向员工清楚地传递了一个要求——公司为员工支付高于市场水平工资的同时，也期待员工贡献出高于市场水平的绩效。这就为奈飞公司提供了法律上的优势，即公司有法律依据来对员工设置较高的个人目标，在移除绩效水平等同于及低于平均水平的员工时也具有足够的公信力。这种薪酬模式也能吸引来那些对自己充满信心、相信自己是高绩效员工的人才。

对于基于个人技能确定薪酬水平的薪酬体系，有一点很重要，即在个人学会新技能或者是他们的技能在市场上的价格发生变化时，他们的薪酬水平应该被进行相应调整。这可能意味着个人薪酬的变化频次会超过每年一次，所有员工每年都应进行至少一次技能盘点（对于关键人才，应每个季度一次），以确保他们的薪酬水平保持在适当的市场水平上。如果低于市场水平，他们应该得到加薪，使其薪酬能达到市场针对他们拥有的技能所愿给出的水平——正如前文已经指出的，在大多数情况下，这意味着要"高于"市场水平。反过来，如果他们的技能能够在市场上获得的薪酬水平确实下降了，那么组织应该做的是给他们下达调薪冻结通知，而不是降低工资。这意味着他们的薪酬不会继续上涨，直到他们的技能在市场上的走势上扬，高于他们目前的薪酬水平。

基于绩效的激励性薪酬

有明确的证据表明，基于业绩给予奖励是一个强有力的提升绩效的动力因子。其实，它不仅是有效的提升绩效的动力因子，同时也是一个吸引和留住优秀员工的方法。要想激励员工提高绩效，奖励就要明确地与业绩挂钩，且必须是对员工而言十分重要的奖励。我们经常会看到一些组织设法通过利润分享计划、股票计划和奖金计划等方式来给予业绩最优的员工以最大的加薪幅度。组织有时还会创建多种多样的认可项目来奖励员工的绩效表现。所有这些都是切实可行的方式，能够在薪酬与绩效之间建立起有意义的关联，但是不同方式的效果之间差异很大。

在使用经济手段刺激业绩的薪酬模式中，最低效的方式就是"功绩"报酬，即对员工在过去某个时间段内的工作表现、功劳优点进行评价并据此给予其额外的报酬激励，而这也是最常用的方法。其有效性不高的原因之一就是，激励额度的大小往往是由这一时间段内的通货膨胀，而不是由组织绩效来决定的。因此，在很多时候，加薪预算会少得无法让这一奖励在表现好和表现差的员工之间形成有意义（具有刺激作用的）的差异感。简单地说，就是3%的"功绩"报酬预算很难让高绩效员工感觉到自己获得的奖励比低绩效员工多得多。

利润分享和股票所有权计划可以对人才的绩效、吸引和保留产生积极影响。它们并不适合所有的人才，但对大多数人起作用。就绩效而言，利润分享计划对人才积极性的影响可能微乎其微，除非获得的金额可以直接与个人或小团队的业绩挂钩。问题在于，在报酬金额基于组织绩效来确定的情况下，大多数人其实并不清楚他们的个人业绩和报酬金额之间有什么样的联系。对持股计划而言这个问题更严重，不过就和利润分享计划一样，如果它们能带来高于市场水平的薪酬收入，那也有助于创建这样一种文化——重视人才参与感、重视人才吸引和人才保留。

组织要想让薪酬计划对人才的积极性产生重要影响，就需要一种能够在高绩效和低绩效的员工之间体现出显著差异的奖励计划。这一计划要有足够的资金支持，同时还要有一套衡量方法，使它能够让高绩效员工和低绩效员工的奖金水平至少拉开9%的差距。组织可以事先明确一个用于发放奖金的预算，也可以事先设置一些组织效能指标（例如，公司利润），不同完成水平、不同种类，会触发不同数量级的奖金。

让奖励计划中的奖金数量与组织绩效相挂钩具有许多优点，这可以促使员工不仅关注他们自己的个人业绩，也关注整个组织的绩效。但另一方面，这种方式的负面效应是：当个人表现良好但组织绩效不好时，即使是表现出色的员工也只能获得很少的奖金或干脆没有奖金。在这种情况下，这些绩优员工基本就看不出自己的绩效和报酬之间有什么样的联系。

在报酬的构成上，由个人业绩决定的部分和由集体业绩决定的部分各占多大比例为宜需要视具体情况而定，没有永恒的最佳答案。人们需要仔细分析组织的经营模式，分析在这种经营模式中，员工对个人业绩、组织业绩以及组织总体经营成果的不稳定状态等分别给予多高的关注度是最优模式。不过有一点是确定无疑的：不论计发奖金的周期是长是短，组织都需要保证有可用的预算，以及在这一轮奖金周期结束时保证那些绩效优异的员工能够获得明显多于其他人的奖金。

有些条件下，对临时工（temporary employees）、短期工（short-term employees）、合同工（contact employees）和零工（gig employees）等非正式雇员采用绩效薪酬也是合理的。如果他们所完成的任务可以被详细说明，且结果可以被衡量，那么基于绩效的奖励模式就非常合适。因为在大多数情况下，他们没有机会得到一份全职工作，也就难以通过（适合全职工作的）其他激励方式来奖励他们所取得的良好绩效。所以，基于他们的绩效表现为他们提供经济性的激励能够满足员工的需求，具有重大意义。什么样的经济性激励是恰当的？在绝大多数情况下，答案是：现金，因为它具有通用性的高价值。

　　对绝大多数非正式雇员来说，现金奖励的给付都应该基于个人绩效。当然也存在一些情形更适合使用团队激励机制——主要是那些需要团队合作来完成的任务，而且对任务完成情况的衡量最好是或只能是在团队的层面进行。不论哪种情形，在这些非正式雇员为组织工作的期间内，现金奖励都应该是即时给付的，并且与他们所做出的可衡量的业绩之间具有清晰的关联性。有一点非常重要，即在某个人同意做某项工作时，就要让他清楚地了解相应的激励方式的特点，也应确保为他持续提供反馈，以使其了解自己的实时绩效及取得相应奖励的机会如何。

　　另外需要注意的是，在某些情况下对临时工或短期工提供激励以促使他们创造良好业绩是尤为重要的。比如，在按小时支付工资的情形下，工作者可能存在一种动机倾向，即以慢速，或以"保守"的方式做事。他们这么做的主要原因在于：一旦这些人完成了他们现在所做的零工，他们可能会因为没有接到下一个零工而失业。因此，他们不是积极良好地表现，而是刻意以最低的生产力水平延长工作关系。如果基于约定好的绩效结果来支付薪酬，就可以促使他们更快速地执行工作。当然，这并不是"万能"的解决方案，但它可以对组织内的非正式雇员发挥重要的激励作用。

　　总体而言，最普遍适用的为绩效付薪的方式是两种激励方式的组合，一种是基于预算的个人业绩奖金计划，另一种是基于业务单元或公司业绩收入的奖金计划，如利润分享计划。这两种基于绩效的薪酬方式应被设计成相对独立的运作模式，这样一来，即使组织的业绩结果不好，那些表现良好的个人仍然可以从预提的个人奖金预算中获得奖金。

个人奖金不可用来替代对基本工资水平的市场调节，个人奖金的支付应该基于绩效结果而不是市场变化。综合考虑市场和绩效水平来确定薪酬，一方面使人才可以因市场和其拥有的技能发生变化而获得基本工资的增加，另一方面使人才可以基于其个人业绩的好坏获得奖金或绩效薪酬的增长。这种设计的一大优点是它创建了一种让员工关注个人绩效的文化，因为只要员工绩效优良就有很高的可能性获得相对应的奖励；同时，它还具有使组织中人才的薪酬水平与市场保持一致的优势，从而避免由于薪酬原因而流失人才的风险。

激励性薪酬的类别细分和选择权

许多组织针对不同管理层级、不同岗位类别的员工适用不同种类的激励性薪酬。例如，高层管理人员经常会被给予股票，显著区别于低级别员工收到的福利。早在 20 世纪 70 年代，就有一些组织开始使用弹性的或"自助"式的福利计划，它们为所有雇员提供一套"附加福利"的选项菜单供雇员自行选择。在这些福利计划中，每个员工都有一份"预算"额度，可以用来"购买"他们想要的福利。

最近，这种自选奖励项目的创意已被多家公司带到了颇为有趣的新高度。首先，他们提高了在岗人员的福利和津贴待遇。今天，尤其是在美国硅谷和一般的科技公司中，员工可以选择礼宾服务（concierge service）[⊖]、额外假期、可在工作场所进行的多种体育锻炼项目（硅谷的公司流行打乒乓球）、大家可以共同参加的娱乐活动以及去餐品种类丰富的自助餐厅用餐等。现实情况就是，每个个体对不同奖励形式的价值认定会有所不同，因此，要想提升组织在员工身上投资的回报率，设法按个人偏好提供奖励确实是有意义的做法。如果无法做到这一点，组织提供给个人的奖励（特别是附加福利）带来的实际价值可能会低于其成本，这就不是有效的薪酬支出了。

此处的关键点在于：不同个体的价值认定和需求欲望的差异性正日趋增大。因此，选择权是成功的关键，它有助于确保组织给予员工的东西是员工想要并看重的。

但需要承认的是，选择权可能会走偏，在出现如下情形时，组织应当中止这一计划：组织在吸引人才和保留人才时所凸显的是错误的因素，或者由于给予员工的东西或金额在人才吸引、人才保留和绩效激励方面并没有太大的影响力，因此造成组织要支出更多才能达到本应达到的效果。如果组织给予员工的各种娱乐活动和离岗福利并不是以绩效为基础，也无关引导员工提升工作能力，那么组织的损失将尤其突出。事实上，这些福利或奖励计划可能造成员工在工作上以及在发展工作技能上注意力分散。诚然，它们可能有助

⊖ 礼宾服务，在现在的酒店服务中指金钥匙服务，就如同五星酒店中的贴身管家，服务人员负责为客户提供吃穿住行购等方面的一切服务。——译者注

于吸引和留住一些人才，但这些人才却不一定是你真正需要的人才，代价也可能会过高。当福利项目用于所有员工且不需员工付钱时，这一问题尤其严重。这些计划与弹性福利计划不同，这些计划往往对个人可选择的服务和选项数量没有设定限制，因而员工不必在选项之间做出取舍。

关于大多数非现金福利的有效性，对这一问题的回答只能在对员工的福利使用情况、人才保留数据以及绩效数据等进行分析后才能做出。既然存在如此多的数据可供分析，我们就有可能基于证据来判断大多数奖励项目的有效性。某些关于奖励偏好的数据可以通过民意调查及其他能够显示出员工对不同奖励项目偏好程度的针对性工具来收集，但是在大多数情况下，最好的关于偏好的数据来源是给予员工个人选择奖励项目的权利，让他们自己做出选择，这也是确保给予员工的奖励是合适的奖励的最佳方式。如果他们拥有奖励项目的选择权（选项中要包括现金），他们就会一直挑选对其自身有较高价值的那种，由此，组织在奖励方面的成本支出将会得到更好的回报。

注意，我们不应因"非传统"福利的魅力而迷失。组织今天为员工提供的奖励项目类型确实发生了一些变化，这是因为团队成员在价值认定以及什么能吸引并留住他们的观点上出现了显著的差异。这个基本前提意味着，组织要想获得为奖励投入的成本的完全价值，就不能依赖为数较少的奖励种类，而要允许个人自行决定所接收的奖励类别。对于组织来说，整合一个福利总包，其中的奖励项目是大多数或所有员工都认为有价值的或者超值的，这正在成为一项越来越复杂的任务。因而，越来越少的组织会采用为所有人提供同一套预先设定好的奖励组合的做法，原因很简单，就是因为它不太可能产生很高的价值感"命中率"，也就不太可能在奖励的成本投入上获得更好的回报。

最后，组织要判断哪些奖励可以吸引和留住正确的人才，这一点非常重要。通过提供打乒乓的机会和干洗服务可能确实能改善保留员工的情况，但问题是它吸引和留住的是谁？它是保留住绩效最优员工的最经济有效的方式吗？很少有研究能回答这些问题。在大多数情况下，能回答这些问题的是那些使用数据分析并基于证据进行管理的组织，它们会关注与员工相关的数据，观察在吸引和保留人才方面不同类型的奖励的有效性到底有何不同。

薪酬公开

大多数组织对许多雇员的薪酬水平进行保密。然而，公开薪酬数据正成为不断增长的趋势。现在有许多组织会公布其岗位的薪酬范围和奖金范围，但在美洲、亚洲和欧洲的多数私营组织中，大多数个人的薪酬内容仍然是保密的。

关于薪酬保密的做法有很多争议。根据传统的智慧，薪酬保密可以避免令人感到不安的比较，保护个人隐私权，并且总体来说会带来更有效的薪酬管理，因为决策者不必担心员工会对他们在薪酬管理方面的决定产生负面反应。

　　毫无疑问，相对于公开薪酬信息，薪酬保密确实能防止一些混乱的发生。它让员工不可能了解到他们的薪水跟其他人相比到底算高还是算低；他们不会知道，与他们认为薪水应比自己低（或者高）的人相比，自己拿得算多还是算少。但是，薪酬保密使得在年龄、种族和性别方面的歧视会不受监控，它也使个人不可能知道他们自己和其他人的薪酬是否是按照公司政策支付的：组织规定是一回事，而让其成员能够看到组织确实按规定执行了则是另一回事，比如组织要求基于绩效计发薪酬，但这不代表实际上一定这样执行。最后，薪酬保密使得组织不可能对其管理人员所做的关于薪酬的决定追究责任，由此这些管理人员就会经常做出一些糟糕的决定，但在薪酬公开的情况下他们会更加谨慎地决定。

　　总体来看，组织有充分的理由可以相信，公开披露薪酬标准会使薪酬管理更加公平合理，并且会给工作场所带来积极影响。我的研究表明，在薪酬保密的情况下，个人会对他人取得的收入产生误解。一般情况下，人们倾向于高估自己所在层级其他人的个人薪酬，因此，即便他们的薪酬实际上比其他人高，他们仍会觉得自己的薪酬比其他人低。其结果就是：员工的积极性降低了，不满情绪更多了，人才流失风险也更大了。

　　薪酬保密会使薪酬与绩效之间较强的正相关关系被模糊化，其结果就是削弱了对个人的驱动力。当然，在很多情况下薪酬与绩效是不挂钩的，此时如果公开薪酬，就只是在向员工说明这两者之间不存在任何联系。此时组织应做的就是创建薪酬与绩效之间的联系，并将其公开。这可不是像那些采取薪酬保密的组织所经常做的那样——对外宣称存在这种联系，可事实上并不存在，同时又希望大家相信这种联系确实存在。

组织的薪酬信息公开化正在缓慢而稳步地推进着，但推进速度实在太过缓慢。关于薪酬公开，不可预知的变数是像玻璃门这样的就业评论网站，网站将企业雇员提交的薪酬数据放入公共领域。玻璃门和同类公开薪酬水平的网站所带来的问题就是，它们所公布的数据也许是不准确或不完整的，因此，与组织自己公开相比，薪酬数据在这种网站上被公开最终会对组织造成更大的伤害。

几十年来，我一直在建议组织要使薪酬数据公开化，很多组织的管理者也频频表示同意我的这一观点，但他们比较典型的回答是，他们需要"几年"的时间来使组织的薪酬管理体系和薪酬水平达到可以公开的水平——即公开薪酬不会使他们感到不适（因为薪酬保密制往往会导致有关薪酬管理的一些决定是经不起质疑的）。问题是，当我在他们所说的"几年"过去后再联系他们、了解他们的进展时，他们通常都还没有对薪酬水平做出必要的优化以使其能够经得起质疑，结果自然就是薪酬公开被进一步拖延。造成这个现象的原因其实就是导致薪酬管理体系经不起质疑的首要原因：在采用薪酬保密制时，组织不需要也无法对涉及其员工的薪酬决策负责。

　　近来，劳动力构成日益多元化，由此引发越来越多的关于公平薪酬以及女性和少数族裔的薪酬低于白人男性这种趋势的问题。这些质疑往往在现实中也确实如此，但对于大多数的薪酬决策而言，员工个体是很难对其提出挑战的，因为他们没有足够的数据来支持自己的主张。上述这一点已催生出更多的要求组织公开薪酬信息的需求，因为薪酬公开可以使组织的薪酬举措以及组织内女性和少数族裔的待遇情况是否公平变得非常清晰。社交媒体论坛上薪酬信息的扩散本身可能就是一个迹象，它表明很多年轻员工不支持薪酬保密，且将来会有更多的来自公众的压力要求组织公开薪酬信息。

　　当前，在美国有越来越多的立法要求组织公开某些特定的薪酬信息。这种趋势很可能会继续下去，虽然它现在可能还没发展到要求组织公开全部员工个人薪酬的程度，但是这最终还是会发生的，就像在几十年前，最高行政长官的薪酬信息公开就已经成为强制要求，还有一些国家已经要求组织中所有雇员的薪酬信息都要公开。

　　关于薪酬保密的最后一个问题是，公司的计算机系统可能会被黑客入侵，进而可能造成薪酬信息被公开。

　　此时此刻，我们可以假设任何组织的薪酬数据都可以被黑客攻击并得以公开。对此，组织该怎么办？当然，组织可以安装更为强大的网络安全系统，但还有一个更好、更简单的选择：公开薪酬并以经得起质疑的方式进行管理。从长远来看这更有可能提高组织效能并且成本更低。如果薪酬与绩效之间能够显示出清晰的关联关系，那么薪酬公开将会提高业绩，因为这将切实驱动员工提高自己的技能以及做出更好的业绩表现。总体而言，如果组织的薪酬政策和奖励措施足够合理、经得起质疑并且与战略相一致，那么将薪酬福利信息公开的做法很有可能带来双赢的局面。

本章小结

传统的薪酬激励体系的做法不再适合工作新形态下的组织。如表 6-1 所示，组织需要更具有战略性且更注重培养、吸引和保留掌握适当技能的人才的做法。要做到这一点，方法之一就是将组织的基本工资体系聚焦于个人的技能组合上。在此方法中，个人的薪酬所得是基于他们所拥有的对组织绩效和战略有贡献的技能而定。组织要将基于技能付薪的措施与组织自身的战略保持一致，也就是说，与市场水平相比，具有重要战略意义的技能应比那些不重要的技能值得更高的回报。原因很简单，吸引和留住拥有关键技能的人才对于成功实施组织战略至关重要。

表 6-1　奖励人才

由战略驱动	与战略相关的关键技能要获得更高的薪酬；对于关键性的绩效要加以奖励
以技能为基础	薪酬水平要基于技能来确定
聚焦绩效表现	用奖金和股份来对个人绩效、团队绩效和组织绩效进行奖励
具备敏捷性	对技能发展加以奖励，以便满足对敏捷性的需求
类别细分	基于技能和业绩的差异，给予不同数量和种类的奖励；提供对不同奖励的选择权
以证据为基础	对于选择不同的奖励项目的员工，分析其个人绩效差异；分析不同奖励对员工绩效、员工离职率以及吸引力的影响程度

基于绩效的薪酬也应该是组织激励体系的重要组成部分。在大多数情况下，不论是现在的组织还是未来的组织，都应该设置能够同时针对个人绩效和团队绩效的多种激励方式组成的激励体系。实际上，在大多数情况下，个人得到的奖励的种类和数额应该能够反映出他们的个人选择以及各自所处的工作情境。考虑到当今工作场所的特性多种多样，传统组织所提供的那些奖励常常会对员工来说物非所值，并且这样的员工所占比例相当大。此时，奖励的选择权和品种多样化就是答案所在，当然，前提是不要偏离基于绩效进行奖励的轨道。

当今，劳动力队伍和工作场所发生的变化引发了一系列的复杂问题，组织非常需要用基于证据的奖励方式加以解决。组织需要收集以下相关数据：哪些奖励方式吸引来了企业所需要的"正确"员工，奖励体系在驱动绩效方面的有效性如何，不同的奖励政策所带来的人才吸引率和保留率如何，等等。鉴于劳动力队伍和工作场所具有的动态变化特性，组织需要持续不断地收集证据。在确定组织的奖励体系在引导战略实施、提升组织绩效方面的有效性时，问卷调查和绩效测量这两种手段组织都应该加以使用。

第 7 章

绩效管理

绩效管理是组织最重要的并且对组织具有潜在深远影响的人才管理流程之一。虽然现在几乎所有的组织都在实行绩效管理，但是绩效管理却是最不受企业欢迎但又不得不实施的人才管理流程。数十年来，绩效评估者和被评估者双方都曾表达过不满，对于需要每年进行一次的绩效评价、评级的绩效评估项目都曾表示过反对和抱怨。

评估者和被评估者都不喜欢这种传统的绩效评估项目，原因很容易理解。数十年来，这种绩效评估一直就是这样一种年度活动：每个员工都会从中得到年度绩效评估的结果，即等级或者评分，而管理者常常需要和下属进行令人不太舒服的会面，来讨论下属的得分和这些得分所将带来的结果。绩效评估经常需要耗用大量的准备时间和实施时间。当评估结果低于员工预期时（而这又是经常发生的）就会造成信息的错误传达，并且经常会导致员工的失望情绪。评估结果经常低于个人预期这一点并不奇怪，因为员工个人往往会比给他打分的主管更高估自己。但话说回来，尽管不受欢迎，但是绝大多数组织仍然采用以年度为周期的绩效评估流程。

　　为了应对绩效评估又浪费时间又不受欢迎的观念和现实状况，相当一部分公司，例如埃森哲、奥多比（Adobe）、通用电气、西尔斯，对其绩效评估体系做出了很大的改变，有些甚至完全废止了绩效评估。废止绩效评估减轻了大家的痛苦和折磨，但是并未满足个人和组织的一个需求，即对有效的绩效评估方法的需求。而且，这样也无法为员工个人给予反馈和发展建议，从而帮助他们改进绩效。

　　相对于简单地废止所有的绩效管理活动这种做法，有些组织已经对当前的状况做出了正确的诊断，即员工需要得到关注，有效的绩效管理方式可以使员工做得更好。而挑战在于，对于某一特定的工作情形，组织要如何识别出适用这一情形的有效的绩效管理流程，进而落实它。

　　幸运的是，有大量的研究表明了绩效管理应该是什么样的，并且为了适应当今的工作场所，应该如何实施绩效管理。研究表明，绩效回顾需要以完全不同于过去的方式进行，这样做会使绩效评估得到积极正向的结果，包括减少时间浪费、减少对感情的伤害、优化个人绩效和组织效能。要想实现这些，绩效管理流程需要具备以下一些特征。

绩效管理流程应由高层主导

组织战略的实施取决于以下几点：员工对于所需获取的成果（即与战略相匹配的目标）有充分的理解；过程中有持续性的为员工提供反馈的谈话；让员工对所作所为负责；帮助员工提高技能水平来完成更具挑战的目标；对于员工所做事情产生的影响；为员工提供有意义且能体现细微差别的评价。这些就是有效的绩效管理所应实现的。如果最高管理层不为一个要求明确且执行严格的绩效管理流程提供支持，那么组织将无法产出想要和需要达到的结果。

最为常见的情况是，组织的绩效管理体系是由其人力资源职能负责设计、实施、支持和日常运作的。人力资源相关人员成了绩效管理流程的"警察"，同时也是流程的设计者和主要支持者。他们花了大量的时间在保证大家完成绩效评估，确保绩效评估的分数合理分布等方面上。这就导致在组织中形成了一种看法，认为绩效考核是人力资源部门的流程，无用且官僚。人们不认为绩效管理对于组织是战略性的驱动器，也就是说，人们不认为它能够起到支持经营战略、激发绩效提升以及帮助个人发展职业所需的技能等这样一些作用。

要想让绩效管理流程被视为实现战略目标的使能器（enabler），就需要让组织的最高管理层成为流程的推动者和应用者。他们需要成为绩效管理流程的后盾，推动流程的实施，并将其运用于自己的直接下属，在自己的角色上体验它。他们还需要评估自己的直接下属在多大程度上运用了绩效管理流程，再评估下属的下属……这样一层一层向下评估，贯穿整个组织。除非组织有从上至下坚决贯彻的能力，并且高层管理者能够身体力行，成为有效的绩效管理行为的标杆，否则绩效管理流程根本不可能成为经营战略的关键驱动力，也不会被组织中的成员严肃对待执行。在这种情况下，绩效管理流程体系就不可能成为组织中重要的无形资产，相反，它会成为一种为了满足人力资源部要求的官僚流程。事实上，如果没有高层管理者的支持，最好不要推行绩效评估。这样不但可以节省时间，也能避免糟糕的评估带来负面结果。

高层管理者该如何支持绩效管理呢？从建立和阐明组织的远期目标、阶段性目标开始，并为它的执行建立一个有效流程。所有高层管理者都需要支持这一流程，并评估他们下属执行这一流程的有效程度。"有效执行绩效管理流程"本身应该成为衡量一个管理者管理效率的关键指标，同时要想使这一流程有效运作，就必须让所有的管理者接受培训以掌握他们在这一管理流程中所必须表现出的行为要点。绩效管理应该成为管理者必备的关键技能组合中的技能之一，这就意味着：如果一个员工未能掌握绩效管理手段的运用要求，他就不能晋升为管理者。

高层管理者需要支持和推动绩效管理流程的一个主要原因是：当制定战略目标和完成目标都成为绩效评估过程的一部分时，绩效管理就会成为一种非常有效的业绩驱动手段。这意味着高层管理者不仅需要对目标设定做出贡献，同时也需要要求自己的下属对目标的实现承担责任。组织需要将同样的做法由上至下贯彻，这样绩效目标就会由经营战略来驱动，而不是简单的"做做就好"。如果采用这种做法，组织就不会设定出与行为无关、无法被公平衡量的绩效目标，那种目标是泛化而毫无意义的。

绩效管理流程不应一年只进行一次

在多数组织中，绩效回顾流程多年以来都是以年度为单位进行的，看上去未来仍将继续保持如此。每年，经理和下属会坐下来回顾下属这一年的表现，当场给出分数，或者之后给出评分，有时候也会设定第二年的绩效目标。这种根据日历来安排的绩效评估流程的问题在于，它与大多数组织的业务流程的节点以及经营成果是不相匹配的。这样的形式可能符合过去的工作形态要求，但它已经不能适应当今世界快速变化的需求。大多数情况下的问题在于，目标设定和评估之间相隔太久，少数情况下，问题出在这个流程提供的时间不够充足。

上级和下级之间关于绩效的讨论和上级给予下级个人绩效目标完成情况的反馈，这两者的频率都需要进行变革。在目标设定以及让员工个人对所设定的目标提供反馈的频率方面，也同样需要变革。最好的方式可能是，某个员工进行目标设定和绩效评估的时间取决于其个人的工作性质而不是资历。这可能导致从事不同类型工作的人员在其绩效评估的时间安排上各有差异。也就是说，为了让大多数组织能适应当今的变化速度并具备足够的敏捷性，绩效评估应该成为一个常规流程，至少每季度进行一次。

在现今的组织中，工作在"判断时距"（time span of discretion）⊖ 方面具有巨大差异，所谓"判断时距"就是指需要多长时间才可以看到某位员工的决策对其工作产生的影响。在目标驱动的绩效管理体系里，"判断时距"指的就是员工完成既定的个人目标所需要的时间。在实际工作中，这个时距可能是几分钟，但更有可能是几天、几周、几个月，甚至几年。为了让绩效回顾更合理、更及时，绩效评估流程需要能与员工所做的具体工作的判断时距相匹配。在现实中，这可能会使绩效回顾变得相当复杂，比如，某个员工的一些目标需要在相对短的时间内得到评估和反馈，而其他目标则需要较长的时间才能进行判定和评估。在这一方面，那些能够支持目标设定、更新和结果评估功能的 App 应用和软件程序会有所帮助。

在任何时点，每个员工都应该有多个需要完成的目标，并清楚地知道目标完成的日期，了解这些目标的完成是被如何衡量、评分和奖励的；员工也应该知道什么时候需要同绩效评估者（可能是一个，也可能是多个）见面讨论目标的完成状况。这种动态的绩效管理体系相比于传统的年度绩效评估面谈模式需要更多的面谈和持续的沟通，但是这些面谈过程理应更短，也没有那么严肃。这些面谈

⊖　判断时距法是由加拿大裔工业心理学家，英国著名的管理学者、精神病学者和顾问埃里奥特·杰奎斯（Elliott Jaques，1917—2003）提出的。这个理论认为：任何一项决策，其决策效果需要经过一段时间才能体现出来。判断时距就是衡量某项决策的最终效果所必须耗费的最长时间。根据判断时距法，可以用衡量决策的最终效果所需的最长时间来判断一个岗位的价值。因此，判断时距越长，岗位的相对重要性就越大。——译者注

应该成为管理者和下属的关系中很自然的一部分，而不是由人力资源部强加给他们。

如果高效的绩效沟通和目标设定已经成为管理者和团队成员关系的核心部分，甚至已经成为一种组织文化，那么彻底取消正式的绩效管理会议也就变得合理了。不再需要按既定的日程开展正式的绩效评估会议，取而代之的是管理者时时"检查"人才的发展需求、了解人才有哪些绩效目标，以及已经完成了哪些目标。

其实，拥有高效的绩效管理流程在很多方面意味着组织拥有良好的管理能力。但现实情况是，很多管理者需要依赖体系的支持才能做到"好"经理所应该做的。他们需要系统支持来保证他们为下属设定了目标，给予了持续的反馈，和下属进行了能力发展面谈。在理想的组织中，管理者是不需要靠"系统"来完成绩效管理的，可惜这种情况在绝大多数组织中都不存在，所以绩效管理体系仍然是组织的人才管理流程中重要的一部分。

善用技术

信息技术可以帮助绩效管理成为一个更加动态、有效的流程。对于管理者来说，信息技术可以使他们更便捷地和下属进行持续沟通，当情况有变时他们可以迅速对原定目标进行调整更新，也可以更方便他们对于下属的目标完成情况给予持续反馈。为了使与绩效过程和结果相关的交流更便捷，越来越多的组织开始使用移动应用程序（mobile App）来进行这一流程。移动应用程序可以提供定期的检查记录及敏捷的目标管理功能。当然，这些也可以通过见面或打电话完成，但是邮件、社交平台或者移动应用程序这些渠道在很多方面会更便捷。还有很重要的一点就是，技术可以帮助管理者追踪员工的行为表现，确保个人目标和组织战略的一致性。

使用电子邮件、推特和其他互联网通信方式的主要优势在于：它们可以持续记录某个人在一段时间内的表现。这些记录在讨论个人的发展需求、绩效和奖励分配时非常有用。因为绩效评估通常是回顾一段时间内（比如一年内）的表现，在这一段时间内，个人的初期表现很容易被遗忘，所以那些在整个时间段内表现前后不一致的人就容易得到特别低或者特别高的分数，而这分数其实是不公平的。在这个时间段内，如果上级对下级经常提供咨询帮助、持续性的沟通并进行工作表现记录，那么就有助于避免前述问题的发生。

衡量有效性

对绩效管理工作的有效性进行衡量是非常关键的，这是可以让管理者对执行和改进绩效管理流程承担责任的唯一方法。如果不衡量有效性，管理者就不需要对自己同下属执行绩效管理流程的效果负责，"问责制"是确保组织内的人员将认真完成绩效管理工作列为高优先级事务的关键所在。大多数时候，组织并不衡量绩效管理做得好坏，而结果就是：当涉及管理者的时间分配以及在管理能力的发展方面所投入的精力时，有助于做好绩效评估工作的那些活动便会被列为低优先级。

要衡量组织绩效管理体系的有效性，方法之一是在员工中定期做问卷调查，让组织中的人才来评判绩效管理体系的公平性和有效性。评估数据也可以基于"市场倾向调查"和社交媒体上关于组织绩效管理体系的聊天内容导出。获取绩效管理流程中各关键环节的数据是非常重要的，这些环节包括目标设定、反馈、评估和奖励分配。

根据管理者开展绩效管理工作的有效程度来对其进行奖励也是很重要的。有一个奖励手段颇为有趣，那就是让他们的工作领域成为"免绩效评估区"（performance-appraisal-free zones）。就如前面所提到的，如果管理者本身是卓有成效的，那么正式的绩效评估可能根本就不需要，因为目标设定和持续反馈这两个管理手段已经"恰好"足够有效了。

在某些方面，绩效管理体系只不过激发了管理者积极地去做自己应做的，并且为他们的行为提供指引。这就是说，现实中确实有许多管理者需要一个规范化的系统来帮助他们有效地指导员工以及激发员工的积极性。因此，设置一套规范化的绩效评估方法是有意义的，这套评估方法要由相关的文本、测量标尺和有效的绩效管理体系所需具备的其他技术构成。

关于建立"免绩效评估区"，只有当这一领域中的所有员工都对他们的目标有充分的了解，并且也具备完成目标的足够动力时，这种方式才有意义。再进一步说，这种方式的使用还需要保证个人的绩效目标和经营战略是一致的，个人也需要从工作本身或其上级那里获得关于他们表现的积极反馈。

据我所知，现在还没有哪个组织实行了"免绩效评估区"，但这确实是一个有趣的主意，最终一定会得以在组织中推行。有的组织因为绩效管理没有得到有效执行，就简单地取消面向全体员工的绩效管理，与这种做法相比，"免绩效评估区"这种方法显然要有意义得多。

取消评分

在传统的绩效评估体系中，每个人的绩效都会被评判，被给予一个或者一组分数。在许多绩效评估体系中，组织会基于多项个人特质（比如可靠性、努力程度、诚实等）对员工个体进行评级或者排名。分数可以采用不同的形式。可以是简单的 1～3 的评分，也可以是更复杂、具有差异性的评分。一些组织采用的是排名，它们在某些特定的工作领域，甚至在整个组织中，将个人从 1 开始排名。毫不意外，已有研究结果显示，评级和排名会遭受各种评分者误差的影响：有些评分者的标准太松，有些又太严格，有些不知道如何区分不同绩效的人，有些有种族和性别歧视等。

组织中最糟糕的举措之一就是评分强制分布法，这种方法要求管理者根据可谓是武断设定的分布比例来评定下属中有多少绩效优异，有多少绩效一般。通常比例根据统计学意义上的正态分布曲线设定——这就意味着绩效优异的员工数量与绩效不佳的员工数量相等，同时有大量绩效一般的员工。这种方法的假设前提就是：组织中的绩效分布是符合正态分布规律的。

的确，正态分布确实存在，但它只发生于随机事件中。我们可以推测，在绝大多数组织中的行为，特别是和绩效相关的行为，并不是随机事件，相反，这些行为是被谨慎规范并通过培训和奖励来促成的。因此，在多数的高效组织中，良好的绩效表现是一种常见行为，而表现不佳是罕见的。再进一步说，即使个人的绩效水平在组织中是随机的，正态分布也需要大量的，通常要数以千计的样本才能产生。因此，要求管理者对他仅有的几个下属的评分满足预设的正态分布曲线的做法根本就是错误的，评定结果是站不住脚的。这就经常导致评定者在解释评分时说："我是被迫这样做的。"这会损害整个评估过程的可信度，给评定者和被评人都带来负面影响。

比预设分布比例还要糟糕的别无其他，只有强制排名了。这种方式要求评定者将个人从 1 开始进行排名。比如埃克森美孚公司，多年来，每年它都会将其 6000 多名工程师从 1 开始排名。这种方式要求评定者完成许多几乎不可能实现的细致鉴别。要合理区分表现最好的第 10 位员工和第 11 位员工是非常困难的，要判定谁是第 1012 名、谁是 1013 名通常也是不可能的。因此，许多区分排名的理由其实是随意而经不起辩驳的。

　　许多评估系统会对员工基于多项个人特质进行评级或者排名（比如可靠性、努力程度、诚实等），但是基于个人特质的评分尤其可能是有问题的，因为不同的人对于特质会有不一样的解读，同时也会存在偏见。此外，很多时候"特质"并不是可以被观察到的行为，也不是某个特定角色所需展现的最重要的行为。由此产生的结果就是，这类评分常常被认为是带有歧视的，会直接损害组织的整个人才管理流程的公信力。

　　替代"评分"和"排名"的方式是显而易见的：对于个人目标的完成情况进行绩效讨论并给予反馈，但是不必评分。最近几年，不做评分的绩效回顾越来越流行了，比如，奥多比公司和坎比亚健康解决方案公司（Cambia Health Solutions）⊖都在使用这种方式。毫不奇怪，这种方式会被许多人视为更好的选择是因为个人不会被那些看上去武断、随意（更不用说"站不住脚"）的分数打上标签。

　　有的组织采取秘密评分方式，管理者会对下属评分但是不会将最终分数告诉被评分者。这种方式的积极一面在于它可以避免被评分者对于分数的焦虑情绪以及知道分数时的负面反应。另外，它为发放基于绩效的报酬（如绩效工资）提供了依据。但是，它并不能改善评分的有效性，而且还会使绩效表现和薪酬之间的相关性

⊖　奥多比公司是世界领先的数字媒体和在线营销解决方案供应商，成立于1982年，总部位于美国加利福尼亚州的圣何塞。坎比亚健康解决方案公司的总部位于美国俄勒冈州的波特兰市，致力于创建以人为中心且经济实惠的可持续卫生保健系统，通过健康规划、创新技术及战略性投资，提供以消费者为中心的解决方案。——译者注

模糊不清。

总的来说，如果管理者有意愿并且有能力给予下属详细的绩效反馈，那么采用"不评分"的绩效评估方式还是站得住脚的。但是，不评分就没有分数，这就带来一个突出问题：在没有分数的情况下，如何做出关于个人的加薪、奖金、晋升以及能力发展需求与机会等方面的决定？对于个人而言，这些决策显然还是要做的，而且要能对员工说清楚决策的来龙去脉。幸运的是，有一些方法、流程可以被用来满足这些需求，具体如下。

其中一个替代"评分"的方法就是让管理者直接决定下属个人的发展和加薪，不再依靠分数作为"评判介质"。做决策的方式之一是召开绩效校准会议，结合下属个人目标的完成情况、成功结果、技能水平和胜任力等给予积极反馈。许多公司都在使用这种绩效校准会议法（通用电气是早期使用这种方法的公司之一）。参加绩效校准会议的管理者平日都要对多个下属进行监督并且对下属的表现有深入了解，他们分为若干小组，在会上讨论这些员工的绩效和能力发展方面的要求，指派薪酬调整机会和能力发展机会，会议结果则由员工的直接上级与其进行沟通传达。

分组进行的绩效校准流程常常是复杂又耗时的，但是当多个层级、多种类别的管理者都拥有关于被评估者绩效表现的有效数据并且都掌握了良好的反馈技巧时，这样的流程将会是非常有效的。这种方式可以有效消除不同管理者对员工过于宽松或者过于严格的偏

差的影响，并且可以驱使管理者制定良好的绩效评估措施。管理者
被要求针对诸如加薪这样的人事决定向员工进行解释，因此他们需
要数据支持，有了数据也就不太会给出过于受自己好恶影响的分数，
更不会随意打分。

一般来说，绩效校准会议每年举行一次。这要求每个管理者负
责收集一整年的绩效数据，在会议上充分展示给其他管理者。绩效
校准会议通常会覆盖整个组织及其所有层级。每个人的绩效都会由
不止一个观察者进行评估，这样组织就可获得对每个个体的绩效表
现和职业发展的深度认知。这种做法也会提高组织对人才的关注度，
确保能为其经营战略提供有用的（人力）资源"输入"。在绩效校准
会议上，很重要的一点就是：确保决策小组所用的决策流程足够完
善，如果决策流程不合理，使得一些决策成员占据决策的主导地位，
或者使呈现给决策小组的数据不充分，那么组织就会面临做出错误
决策的巨大风险。

社交媒体和在线众包社区

社交媒体可以提供关于个人绩效的重要信息，尤其是那些评估
者看不到的行为信息。在许多情况下，管理者是无法远程看到销售
员的行为表现的，或者是无法看到某个员工如何处理与上下级、平
级同事之间的关系以及在应对客户时是如何表现的。这就产生了一
个问题，是否要从那些有很大机会观察到员工关键行为的个人那里

获取数据，即使那些个人与这个员工之间并没有管理上的隶属关系。因为从过去的经验来看，要获取这类数据是不容易的，所以大家通常不会这样做。

当今世界，社交媒体、在线（众包）社区和各类客户服务信息系统对于组织来说都是可以利用的工具，它们使得收集那些能够反映绩效的相关数据的工作在技术和操作层面上变得可行。毫无疑问，这些收集来的数据应该反馈给个人，且应该成为个人绩效表现的重要反馈内容，并据此来指导他们的行为。

不过，也不是说任何时候管理者使用来自社交媒体和在线众包社区的数据来评估个人的绩效都是明智的，而这些数据的提供者包括员工的同事及组织内或组织外的其他人。使用这些数据的风险有很多，但其中最重要的也是最需要注意的一点是——这些数据会因各种原因被歪曲和滥用。举个例子，在数据来源于某个员工的平级同事的情况下，员工和这位同事之间可能会存在竞争关系，比如他们俩都在争取同一个晋升或者加薪机会，那么这位同事很有可能会对这个员工做出负面的评价。

桥水联合基金公司（Bridgewater Associates）⊖是利用社交媒体

⊖　桥水联合基金公司是总部位于美国康涅狄格州的一家对冲基金公司，成立于 1975
　　年，创始人为雷伊·达里奥（Ray Dalio）。其服务对象主要是机构投资者，其客户
　　包括养老基金、捐赠基金、国外的政府以及中央银行等。桥水基金强调的原则和
　　文化是："我们希望建立起一种理念英才制度，通过对极致真理和极致透明度来
　　达成建立有意义的关系、从事有意义的工作的目标。"其中的"极致真理和极
　　致透明度"即为此处例子所指，也是外界对其有较大争议之处。——译者注

紧密追踪员工表现的一个极端案例。在桥水基金，员工需要针对 60 多个评价点不断地进行互相打分。员工会被问及所参加会议的结果，只要是不少于三人参加的会议都需要被评估。系统会将数据输入一个程序，这个程序会提供一套基准值供员工互相比较，而这套基准值是动态变化的。公司会根据最终的结果发放一些小额奖金，也有些员工会因为同事给予的负面评价而被开除。参与某个会谈或会议的员工也可以通过一个移动应用程序来取得关于会谈或者会议进展情况的实时反馈，从而及时将议程拉回正轨。

对于如何使用社交媒体，也许最好的总结便是谨慎用之。社交媒体的确可以为个人绩效提供积极的反馈和有价值的记录，但它也可能会受给予反馈的员工的岗位和个性的影响而产生偏差。因此，在使用社交媒体的数据时，必须考虑对上述情形进行评估。这时就需要使用数据分析来发现评分偏差和其他问题，而这正是数据分析的首要任务。

基于数据建立流程

建立不是基于个人观点而是基于客观行为和活动数据的绩效评估的可能性变得越来越大。众所周知，一个绩效管理体系运用的真实绩效数据越多，这个体系越有效。问题是对于大多数的岗位和工作场景来说，组织没有足够的数据去覆盖所有需要被评估的行为，由此导致绩效评估结果实际上混合了个人的主观意见、个人观察、硬数据（hard data）⊖、活动模式以及个人感知等多项因素。

　　在未来，基于行为的活动数据将会越来越多，组织可以利用它们来评判和追踪员工的绩效。例如，组织可以利用日益发展的可穿戴信息技术追踪员工所在的位置和工作中的努力程度。在这种技术发展态势下，弄清楚以下三点就变得至关重要：哪些数据应该提供给员工个人；哪些数据需要汇总到组织；如何使用这些信息。

　　基于行为数据的评估通常会被运用在仓储、配送和其他一些需要员工不断移动位置的工作上，也可被用在需要员工在公司办公区外操作设备装置的工作上。在从事几乎一整天都坐在工作台上或电脑前的工作的这些员工身上也可以收集到行为类的数据。在很多情况下，他们工作成果与他们在工作上所花费的时间（小时、分钟）是很容易被追踪的。如果能够收集（以及收集完）这类持续的绩效数据，接下来的关键点就是：在运用这些数据进行绩效评估时，组织必须清楚地知道什么样的绩效数据和什么样的标准会对绩效改进产生影响。

　　体育界就是一个因技术和数据而改变了人才管理体系的行业。例如在棒球运动中，每次投球和击球的速度和进垒位置都有据可循。这让球队经理和高层在发展球队、招募球员以及在比赛中做决策时，不仅可以参考安打率和投手防御率，还可以根据投球速度、投手的

　　⊖　硬数据指实际算出的数据，例如在银行的存款数；与其相对应的是软数据（soft data），指包含有估计因素的数据，例如应收款减去坏账准备后的净额。——译者注

手臂角度和肘关节受力的即时数据来做出是否需要立即更换投手的决定，或者是判断击球手是否可以击到球。此外，在当今的篮球比赛中，有不可思议的大量比赛数据可以显示出个人及其所在团队在各种情况下的所有表现。

关于工作行为的大数据的发展在很多方面让绩效回顾成功转型成为可能。它可以让主管和下属从基于个人看法的谈论变为以数据为基础的讨论，根据双方都认可的衡量标准讨论员工完成目标的表现情况，并持续追踪。这就是绩效回顾所应达到的目的，即能够引导未来的绩效改进，并且能让员工更清晰地理解个人绩效、团队绩效及组织绩效。它还可以把绩效管理从一个令人厌恶的上司和下属之间的年度会议变成一个持续进行反馈和解决问题的流程。在这个过程中组织仍然需要做一些不那么容易做的决定，比如涨薪、晋升、解除合同和培训，但是新的技术可以让大家对于为什么做和怎么做这些决定有更好的理解。

最后，也是特别重要的一点就是，组织在评估零工类员工和其他类型的短期员工时，必须实时收集数据并进行分析。这些员工通常与组织只有一段短暂的合作关系，所以在这段时间内需要密切地实时关注他们的表现。持续收集数据可以让管理者有机会干预和解决问题，否则可能直到这些零工类员工完成了短期工作都没有人去监管和纠正问题。值得一提的是，如果组织在某些零工类员工完成一个短期工作后，准备继续让他们去承担其他工作，那么及时拿到他们在第一段短期工作中的表现数据作为参考是至关重要的。

评估流程

随着远程工作和社交媒体的发展，人们对通过电子邮件、视频、移动应用程序和社交网络进行个人评估的舒适性和有效性提出了一些有趣的问题。绩效管理的沟通环节一定要面对面进行吗？很长一段时间以来，人们一直有一种看法，就是没有什么可以或应该取代评估者与被评估者之间的当面讨论。多年前，当人们还不习惯通过电子邮件和社交媒体进行沟通时，当面讨论的确是一个很好的做法，但在当今时代，这似乎已经是低效且过时的了。

当然，人们通过新的技术（比如电子邮件）进行沟通时可能会冒更大的风险，但是相比过去，现在大家已经更习惯于这种沟通方式，所以大家会更适应通过社交媒体等新技术进行交流，交流也会变得更清晰、更直接、考虑更周全。要确定绩效回顾是采用面对面的会议形式，还是使用可视化工具，或者是通过电子邮件，最好的方法可能就是看这个员工与其上级在日常工作中是如何互动的。如果他们经常通过电子邮件或其他形式的新技术进行交流，那么这些可能就是进行绩效回顾的最好方式。反之，如果他们本身就在同一个地点工作，也会定期见面沟通，那么运用社交媒体或电子邮件做绩效回顾就没有什么意义了。不管怎样，对于不同方式，组织都可以进行尝试，但最终要因人而异。

本章小结

表 7-1 展示的是绩效管理和新时期的战略性人才管理体系之间的关键关系。它表明绩效管理需要巨大的改变，以适应在劳动力、工作场所和环境方面出现的新变化。

表 7-1   绩效管理

由战略驱动	绩效目标和衡量方法均以战略为导向
以技能为基础	评估技能水平，并为技能水平的发展设定目标
聚焦绩效表现	运用可衡量的绩效目标
具备敏捷性	通过频繁的目标设定和绩效回顾流程来适应战略的变化
类别细分	针对工作类别、员工技能等的差异，调整绩效管理流程
以证据为基础	对评估者进行评估，并要对绩效管理流程的产出进行衡量

Copyright © Edward E. Lawler Ⅲ and Center for Effective Organizations at USC.

拥有一个有效的绩效管理体系是实现组织战略的关键。当这个系统在有效运作时，它可以将战略转化为组织行为。但是，要想实现这种转化，组织就必须使管理者对这一体系进行驱动并提供支持，而正是这些管理者能够将经营战略转换为个人和组织关键单元的长期目标和短期目标。

技能和绩效是绩效管理体系所要关注的核心。绩效管理体系应该鼓励员工发展正确的技能类型，并以正当合法、富有意义且开展及时的绩效评估为基础。正如本章所指出的，这一目的被实现的可能性越来越高，因为现在不断有更好的衡量手段出现，可以收集到数据的工作场所越来越多，且这些数据的种类和数量都在日益增多。

当今组织和人才的多元化强烈要求绩效管理举措也能多元化。没有哪个绩效管理体系和举措可以适用于当今所有组织或者大多数组织，因此也不可能适用于一个组织内的所有部门。基于不同组织、不同工作和不同人才的性质差别，一套成功的绩效管理体系很可能需要运用差异化的衡量措施，采用差异化的考核频率，以及差异化的与奖励挂钩的方式。除此之外，对管理者的绩效管理行为也会有差异化的要求。

哪些正确的行为需要被衡量，哪些类别需要被细分——这方面的决策制定主要取决于组织的关键产出是如何被衡量的，以及衡量的频率和衡量对象是怎样的。在某种程度上可以说，这将取决于正在被检查的活动和绩效管理活动所重点关注的管理层级。管理者的管理技能水平以及可利用的技术也是很重要的决定因素。

绩效管理中的各种判断与评价应该越来越以数据和证据为基础。所需收集的数据包括组织绩效评估系统的有效性，也包括在评估过程中哪些是有效的、哪些又是无效的，还包括员工个人执行绩效管理流程时或优或劣的表现。绩效管理流程实在太重要，组织绝不能放任不管。绩效管理流程应该建立在"证据"的基础上，这些证据能够反映出流程的有效性，另外，这一流程还需要有一套持续推进的衡量体系予以支持，这一衡量体系要重点关注流程的执行情况，以及流程本身对绩效所产生的影响。

总而言之，绩效管理是未来的工作场所中必须做出重大改变以

使其更加有效的领域。绩效管理在过去一直不太有效，如果将过去那些用了几十年的老套路继续用下去，那么绩效管理的有效性会越来越低。对于绝大多数的组织而言，一套经过深入思考设计的、基于数据的绩效管理体系是严重缺乏的。运用现有的技术和知识，组织完全可以设计出一套有效的绩效管理体系并加以利用。鉴于当今时代工作场所和劳动力的本质所发生的诸多变化，绩效管理从未像今天这样如此重要，同时，它也从未像今天这样有这么大的可能性变得真正有效。

第 8 章

人才管理的组织设计

　　人才管理体系和方法若要适应新时期的工作、工作者和组织形态的要求，就需要配以相互兼容的组织架构设计。为适应传统的人才管理体系要求而设计的组织和人力资源职能，并不适合管理和使用新时期的人才管理体系和方法，而这类新时期的人才管理体系和方法在很多传统的层级制组织中也不太可能有效运作。

　　关键问题在于系统相匹配（system fit）。图 8-1 是经典的组织设计"五星"（STAR）模型，它所说明的正是这个问题。只有在组织的五个关键体系相互匹配时，组织才能有效运作。它所隐含的对组织设计和人才管理的要求是显而易见的，为了与新时期的组织形态下的管理需求相匹配，人才管理实践和人力资源职能的组织与管理方式都需要有所变革，包括新的管理流程、人才、组织架构和工作流程。对于新时期的工作形态，相匹配的系统是重塑人才管理的关键。

　　如果人力资源职能不以战略为导向，重视标准化而不重视个体化，也不以现代先进的信息技术为依托，那么它就根本不可能设计出符合新的工作形态要求的人才管理原则和实践，即便设计了，也不可能贯彻好、运作好这套原则和实践。为了更好地贯彻、运作我们在前文所讨论过的诸多原则和实践，人力资源职能和整个组织都需要一种全然不同于以往的组织架构：**这种架构需要具有敏捷性，可以提供多样化的系统和类别细分，这种架构以战略为导向，人才是确保其运作和效能最重要的贡献者之一**。在这样的架构下，人才需要由上至下进行战略性的管理。这一架构也需要运用现在的人力资源职能还未使用的技术，以敏捷变化的战略及组织设计为导向，而这种组织设计的目的是为有才能的员工赋能，以使其有能力完成复杂的知识型工作。

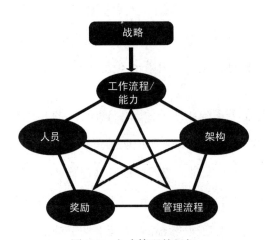

图 8-1　人才管理的组织

人力资源职能必须与传统的层级制组织里的人力资源职能有所不同，包括在组织架构、人员配置和运作方式等方面。高级管理层和董事会的运作和人员配置也需要有巨大改变。组织需要能够制定出与其组织架构和战略相匹配的人才管理决策，这些决策应该基于数据和人才管理专家的专业意见而做出。

公司董事会

公司的董事会成员，例如 CEO，经常说"人才是组织最重要的资产"，但是在大多数情况下，他们的董事会并没有以这个为原则来进行架构设计、日常运作和人员配置。恰恰相反，他们并不知道优秀的人才管理体系与实践包含什么要素，以及在他们所治理的这类复杂组织中应该呈现出什么状态；他们也无法得到有关组织人才管理运营情况及有效性的信息，而这些信息是他们在制定人才管理决策时所需要了解的。

这类问题始于董事会的成员资格要求：通常来讲，董事会中最多只有一位成员是人才管理方面的资深专家，大多数董事会甚至连这样一位专家都没有。董事会成员常常有一个不正确却又极为常见的假设，就是认为自己懂得如何管理员工。他们通常也不会要求组织提交人才状况报告。作为决策团队，他们的运作也常常不够高效。在人才管理方面，会让他们花相当多的时间并聘请外部专家协助的事情之一就是从外部招聘高级管理人员，有时招募新的董事会成员也会如此。他们也会寻求外部专家的帮助来处理董事会和高管的薪酬问题。但在涉及组织运作的人才管理领域（例如敬业度、员工发展、绩效管理），他们常常不具备专业知识，也不愿寻求专业资源帮助。

董事会在以下方面尤其需要专业力量的支持：制定决策，确定覆盖整个组织的人才管理实践应该具备什么特点；针对关于组织的人力资本运作有效性的数据进行收集和解读；推动人力资本运作进行变革和修正，从而使组织能够具备敏捷性，能够根据需要进行调整以形成新的竞争优势。

那么，董事会要想具备足够的人才管理领域的专业知识，需要做些什么？首先，董事会成员中至少要有一位人才管理专家，这是确保在董事会会议中有某一成员具备必要的权力、专业知识及公信力来为组织采取正确的人力资本管理措施提供支持的唯一办法。

当然，董事会可以，也应该通过外部的咨询顾问以及内部的人力资源专家得到专业意见。对于组织来说，这是很好的做法，但还远远不够。在董事会制定人才管理决策时，如果没有董事会成员能够针对决策提供建议、证实有效与否以及表示赞成或反对，董事会想实现人才管理决策最佳化的可能性就会相当低。因此，在董事会中有一位知识渊博的人才管理专家是提高董事会决策质量的不二之选。

其次，董事会应该经常邀请首席人力资源官（CHRO）参加董事会议，让其提供在人力资本和人才管理领域的专业见地。不过，即使在大公司，这种情况也不常发生。而首席财务官（CFO）的情况则恰恰相反，即使很多董事会成员来自于投资领域并且具备充足的财务相关的知识，CFO还是常常会被邀请出席董事会会议。

对于董事会来说，做出明智的人才决策和做出明智的财务决策所需具备的条件在许多方面是类似的。CHRO其实和CFO一样需要参加几乎所有的董事会会议，同时，董事会中也必须有成员具备充足的人才管理专业知识。只有这两项都具备了，董事会才能就组织的人事决策以及人才管理体系议案进行明智的讨论，进而做出正确的决策。董事会需要定期审阅组织的人才管理有效性数据，同时也要对这些数据进行正确的理解和运用，尤其要注意使自身具备上述的两个条件。

就像董事会定期审阅季度损益报表，甚至月度报表一样，董事会也应该定期审阅组织的人力资本数据。需要审阅的信息不仅包括传统的缺勤率、人员流失率和招聘方面的数据，还应该包括员工敬业度和满意度，以及基于组织的战略性技能要求所盘点出的战略性人才储备情况，最后还有关于组织敏捷性的相关数据。

董事会应该每隔多久审阅一次人才数据呢？绝大多数组织最起码应该每个季度审阅一次，但考虑到现在商业环境的变化速度和人才流动性，季度盘点对于大多数组织来说都是不错的选择。对于一些稳定性偏高的传统组织来说，半年一次的人才盘点可能就足够了。

所有公司的董事会都会设立多个委员会，它们会定期开会回顾特定领域的运营状况，例如，每个董事会都会设立审计委员会和财务委员会，但是几乎没有董事会设立"人才管理委员会"。这又是一个"只说不做"的例子：组织和董事会会说"人才是我们最重要的资产"，但是他们的行为所表现出的却是另一回事。

公司董事会应该设立"人才管理委员会"来定期盘点组织的人才状况，并向整个董事会汇报人才状况和人才管理体系的运行状况。人才管理委员会不应只关注组织的高层管理人员，而应关注整个组织中的所有人才，特别是关键人才。只有这样，在董事会讨论人才问题时，人才管理委员会才有可能告诉董事会"应该怎样做"。

董事会面临的挑战是：对待人才管理，需要言行一致。他们不需要再说"人才是我们组织最重要的资产"这类话，而应该在人才问题上真正"说到做到"。在很多情况下，这意味着在董事会这个层面上，应该用类似管理财务资产的方式（包括组织架构）来推动对人才的管理方式。董事会需要有人才管理的专家，定期获取数据、审阅数据，并在出现问题的时候采取行动。

公司高层管理团队

每个公司的高层管理团队都应该参与涉及关键人才的决策。他们需要了解人才管理体系的设计理念，确保这样的设计理念可以有效运作，当有关键岗位需要任命人员时，能保证所选择的人员是正确的。要让公司的高层管理团队在做人才决策时有效发挥作用，就需要团队具有高水平的人才管理专业知识。但是，很少有 CEO 能具备这样的专业水平。

绝大多数组织的 CEO 都不具备或者只具备很少的人才管理背景。当然，借由他们过往的管理工作经历，他们都具有做出人才管理决策的经验，但是很少有人做过人力资源或者人才管理工作，也很少有人参加过任何关于人才管理的正式培训和学历教育等。组织的高层管理团队中至少需要有一名可以对人才管理体系同经营战略以及运营间的关系进行战略性详细阐述的人才管理专家。

在高层管理团队中，最明显的人才管理专家候选人就是CHRO。然而在近半数的美国公司中，CHRO并不向CEO汇报工作，而是向首席运营官（COO）汇报。在相当数量的组织中，CHRO没有从事人才管理及人力资源工作的背景。如果人才不是组织竞争优势的关键来源，这种情况还说得过去，但是绝大多数组织的情况并非如此。如果CHRO没有人力资源领域的工作背景，那最好设置一个首席人才官（Chief Talent Officer，CTO）岗位，并请他参与到所有关于人才的高层决策中。

有几种组织设计方式可以确保高层管理团队在做出人才管理决策的过程中获得专业知识的支持，从而提高人才管理决策的有效性。前面已经提到，最显而易见的方式就是高层管理团队中有一个具有人力资源和人才管理领域工作经验的CHRO。而在需要非常深厚的人才管理专业知识的情况下，CTO可以作为人才决策的指导顾问贡献自己的专业能力。在现实中，即使CHRO具有人力资源领域的工作背景，也常常不具有非常深入的人才管理专业知识，因为CHRO需要同时管理人力资源职能的战略和行政管理部分，这就使得他们不太可能有时间深入钻研某些人才管理方面的问题。

如果人才是组织竞争优势的关键来源，那么让 CHRO 向 COO 汇报工作显然是不明智的，在这样的组织中，CHRO 应该直接向 CEO 汇报工作。在这里，我们的建议是将人力资源职能一分为二：一个是负责行政事务的职能，另一个是负责战略绩效的职能。这就像在财务部门中，会计职能和财务职能是分开的，市场部和销售部的设置也是同样的目的。如果分开的话，人力资源职能中负责行政事务工作的人员向 COO 汇报，而负责战略和人才管理工作的人员则向 CEO 汇报。

要确保人才能够在战略层面和运营层面都获得适当的关注，组织可以采用上述多种方式来构建高层管理团队。组织必须要做到一件事，即关键的经营战略决策需要考虑并受到人才管理因素的影响，同时，人才管理决策也受到关键的业务和战略决策因素的影响。但是，只有当组织的业务决策讨论会具有很强的人才管理视角时，这种情况才会发生。而要使组织的业务决策讨论会具有很强的人才管理视角，最起码要让 CHRO 或 CTO 在经营战略的制定和主要的执行层面起到积极作用，只有这样，上述情况才有可能发生。当然这还需要 CTO 或 CHRO 对业务有很深入的了解，并清楚地知道人才管理实践与政策同经营战略的制定和执行之间具有怎样的关联。

首席组织效能官

对于某些组织来说，最好的方式是任命一位首席组织效能官

（Chief Organizational Effectiveness Officer，COEO），作为高层管理团队的一员直接向 CEO 汇报工作。传统的人力资源、组织设计、组织发展、经营战略和人才管理工作都应该向这位 COEO 汇报。这个岗位要发挥作用，关键之处在于要找到合适的人。这个人可以将影响组织效能的多种专业、多个学科的知识汇集在一起，他需要懂得人才管理，也要懂得人力资源职能的运作以及组织设计、变革管理和经营战略方面的基础知识。

随着组织在当今经济环境下变得越来越复杂，COEO 的设立意义深远，这意味着组织中有明确的某个人对组织管理体系的运作负责。COEO 可以参与高层的业务决策，提供关于组织能力和如何使组织高效运营等方面的专业见解，包括关于经营战略和竞争优势的非正式会谈。

美国知名的快餐公司"盒子里的杰克"（Jack In the Box）[⊖]就在组织架构中设立了 COEO 这一角色。这家经营快餐业务的公司有一个执行副总裁级别的高层管理岗位叫作首席人才–文化–企业战略官（Chief People, Culture, and Corporate Strategy Officer），直接向 CEO 汇报工作并且参加所有的董事会会议。

⊖　美国知名快餐连锁店，创立于 1951 年，总部位于美国加利福尼亚州圣迭戈。——译者注

首席人才官

就如前面所提议的，每个组织都应该有一位 CTO。这个岗位之
于组织的人力资本就好比 CFO 之于组织的金融资本，而后者通常都
直接向 CEO 汇报工作。CFO 通常需要参加董事会会议，并且是高层
管理团队中的关键一员。CTO 和 CHRO 也应该在组织中扮演类似的
角色。正如前文提到的，CHRO 与 CTO 之中必须有一个人定期参加
董事会会议及其他委员会的会议，以确保在制定战略决策时适当考
虑了人力资本因素。

就现在而言，CTO 应该向谁汇报这一问题还没有单一明确的、具
有普遍意义的正确答案。这在一定程度上取决于人力资本对组织的重
要程度，当然，组织如何定位这个岗位以及为其配置什么样的人对此问
题也有影响。对一个组织而言，如果人才毫无疑问是最主要的资产，
那么绝大多数情况下，CTO 和 CHRO 应该向 CEO 汇报并成为高层管
理团队中的一员。如果人才不是组织成功的关键，那就可以让 CTO
向 CHRO 汇报，从而让 CHRO 成为组织中"人才"一方的总代表。

当组织中同时存在 CEO 和 COO 两个岗位时，组织设计会变得
比较有趣。在这种情况下，可以让 CTO 和 CHRO 分别向不同的岗
位汇报工作。一种选择是让 CTO 向 CEO 汇报，让 CHRO 向 COO
汇报。在这种设置下，大多数战略性的人才管理和人力资源工作可
以由 CEO 负责，而 CTO 负责向 CEO 提供专业建议；人力资源职
能中那些行政运营方面的工作则由 CHRO 和 CTO 负责。这样设置

的好处是组织可以从战略角度来创建和管理自身的人力资本管理战略及其运营支持系统。人们常常会指责人力资本管理的工作太过于富有操作性，没能提供由经营战略驱动的管理举措，这种说法有时也没错。在 CHRO 向 COO 汇报工作的情况下，就应该让 CTO 向 CEO 汇报工作。这样的话，CHRO 就不需要介入关于如何管理人才体系和定位组织人才这样的关键性战略决策中了。

　　总而言之，对于视人才为至关重要资源的组织来说，没有哪一种人才管理的组织设计可以适用于所有这类组织。此类组织需要对人才给予强有力的关注，设立 CTO 岗位可以在帮助它们达到这一目的方面起到积极作用。而如何将 CTO 这样的岗位嵌入更大型的组织则取决于该组织的业务模式、战略和组织所寻求的竞争优势的类别。打个比方，在人才密集型业务中的做法和在以金融资本为驱动的业务中的做法是截然不同的。不过，就一切情况而论，如果组织的人力资源职能仅仅是一个承担薪酬福利、培训、人员甄选与配置等方面的常规行政管理部门，那么任何做法都不再合适。组织设计需要考虑人才管理的架构设计，而组织的人才管理架构设计取决于组织战略，同时也会对组织战略产生影响，这一架构还要能整合并优先发展有效的人才管理体系。

人才分析职能

　　组织应该具备"人才分析"职能。不可否认，考虑到相应的成本，在相对比较小的组织中这个职能不会很庞大。在这方面，规模较小的组织可以通过咨询顾问、零工类的专业人才及专业协会来获取有价值的帮助。而在大公司中，人才分析职能团队能够、也应该被配以良好的资源和人员，这一团队直接向 CTO（如果没有 CTO，则是 CHRO）汇报工作，他们要专注于收集数据、分析数据并将数据转化为行动。也就是说，人才分析小组中的人员应该有能力收集数据、分析数据，并能将数据转化成"基于证据的人才管理"决策和行动。

当然，收集和分析数据只是成功的人才分析流程的第一步，接下来应该是正确地解读数据，确保基于数据的管理措施和运营变革在组织中能被执行。这就需要不断地告知那些负责管理和实施变革的同事什么样的数据正在被收集以及如何正确解读这些数据，随后要让这些同事参与制定并实施从这些数据中分析得出的解决方案。当然，这意味着公司需要让人才分析职能成为组织发展职能的配套支持，从而使后者更为有效。另一方面，离开组织业务、单纯进行人才数据分析的团队会脱离组织的现实情况，虽然他们可以做很棒的数据研究，但是他们的研究成果要么无法被应用于组织，要么没有被真正地执行。要确保收集的数据有用，关键在于让数据的使用者参与决定"需要收集什么类型的数据"。

数十年来，AT&T、通用电气、IBM 和其他一些大型组织都有专门的分析团队负责收集及分析关于人才行为和人才成本的数据。谷歌拥有一个主攻人才分析的团队，这个团队对其人才管理策略产生了显著的影响。员工流失率（attrition）是这个团队特别乐于研究并富有成效的领域之一。谷歌已经开发了预测员工流失率的若干模型，并且将它用于帮助组织避免人员流失。

由人才驱动的组织面临的主要挑战是：要找到一种方法来反映当今工作形态日益复杂的状况，并根据工作形态的具体复杂程度来管理它们的人才。数据分析可以解决这个挑战，但前提是收集的数据所针对的问题是正确的，收集数据的方式也要有助于那些负责实施人才管理体系的员工理解这些数据，愿意利用这些数据，并且能够执行通过分析这些数据而得到的建议。要实现这些目的，就需要组织以人才为驱动力，对人才高度敏感，并且按照可以有效管理人才的形式进行架构设计。

本章小结

组织设计对于确保"组织能够正确管理人才"这一点至关重要。**由于人才管理本质的变化，人力资源职能的组织架构需要满足战略驱动的需求，也就是说，要能够根据战略变化而变化**。这就需要公司董事会成员中有一位人才管理专家，如表 8-1 所示。对于董事会来说，CHRO、COEO 或者 CTO 在公司董事会会议上的出席本身就是一项关键资源，因为他们的存在可以帮助经营战略不与人才管理领域的发展现状冲突，并且有助于设计出能够有效实施该战略的人才管理实践和运作体系。在大多数情况下，这意味着人才管理体系的设计具备了以技能为基础的导向。简单地说，战略需要调动组织已有的技能，因为正确的技能是执行战略所不可或缺的。

表 8-1　组织设计

由战略驱动	CHRO 出席董事会会议；董事会成员中有人具有人才管理专业知识
以技能为基础	设置 CTO 这一高级管理层岗位
聚焦绩效表现	人才管理的决策和实践受组织绩效的管理模式影响
具备敏捷性	人才管理决策要与战略和组织设计的变化相整合
类别细分	人才分析要显示出不同类别在结果和偏好之间的差异
以证据为基础	人才分析小组要为人才管理决策提供证据支持

要以绩效为基础，组织的人才管理活动就必须以其需要的绩效类型为驱动，并且成为人才分析工作的影响因素。同时，组织必须基于其对组织整体绩效的影响程度来衡量人才管理工作。

如表 8-1 所示，当战略发生变化，人才管理实践也就需要做出改变以适应战略的变化，而此时敏捷性就要开始发挥作用。这也就是为什么要让 CTO 参与战略讨论以及让其向高级管理层汇报工作的原因所在。另一方面，组织的战略在某种程度上也应该与组织的人力资源体系中所使用的类别细分方式起到相互决定的作用。而要使高层管理团队理解组织的人力资源体系需要采用哪种类别细分方式，就应该让人才管理领域的高管介入关于经营战略和运营方案的具体讨论与决策过程，由其来引导整个团队达成充分理解。

总而言之，人才管理体系的有效运作需要新型人力资源职能设计予以支持。传统的人力资源职能在组织架构的设计上从未展现出

想让人才成为经营战略的驱动器的意图，看上去也不是为应对瞬息
万变的工作、工作者和组织形态而设计。仅仅在战略决策会议上给
人力资源部门"一席之地"并不能解决问题，人才管理的原则和实
践说到底是为了驱动组织效能的提升，而人力资源部门必须成为制
定和实施这些原则和实践的中坚力量。

第 9 章

重塑人才管理

　　组织要想重新建立一个可与新时期的工作、工作者和组织形态相匹配的、富有成效的战略性人才管理体系，绝不仅仅是采纳一些本书前几个章节中讨论过的人才管理原则和实践就足够了的，而是需要采用符合组织的战略及其商业环境的一整套政策和举措。本书第 2 章提到了这个观点，图 2-1 以此为基础阐述了人才管理体系中最主要的五个领域需要彼此整合。本书的前几章概述了组织在这五个领域需要分别采用的政策和举措。要创建具有战略性人才管理体系的组织，对这些政策和举措的应用是重要基础。

　　人才管理体系要成为组织的战略优势，必须具有整合性。仅仅改变薪酬和甄选的方式并不足以产生可以成为组织竞争优势的组织绩效。实际上，仅仅在一个领域中进行几项变革或者在少数几个领域中进行改变，反而会让组织效能比使用传统的但具有整合性的绩效管理整体方案时更低。重塑人才管理是一个系统性话题，它并不仅仅是单项政策或者小范围实践的改变，它需要一整套涵盖人才管理五个主要领域的政策和举措的变革，而且这些政策和举措必须具有一致性和相容性。

　　图 9-1 显示了在五个人才管理领域中需要实施的关键举措。有些组织可能使用了其中一部分，但是这种不充分的人才管理体系重塑不足以使其具备战略层面的有效性。事实上，这样的做法不太可能会提升，甚至可能会降低组织的绩效。总之，即使不采用所有的，至少也需要采用大部分的政策和举措才有可能明显提高组织效能。原因很简单：这些政策和举措的有效性会通过交互式的作用而相互加强。只有将它们组合起来才能让组织的行为和绩效符合当今竞争激烈、瞬息万变的商业环境的需求。在它们的共同作用之下，组织可以创造出一种战略性的人才管理模式，特征如下：战略驱动、以技能为基础、聚焦绩效表现、具有敏捷性、类别细分化，以及以证据为基础。

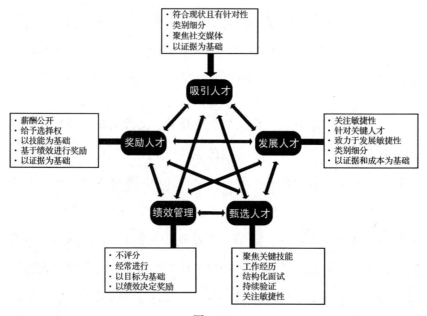

图　9-1

人才管理变革

　　使用本书所介绍的原则和实践创建能与新时期的工作形态相匹配的人才管理体系，这对于敏捷性高、员工参与度高的组织来说更容易实现，这些组织以人为本，推崇信息与权力分享。它们"再合适不过了"！这些组织不需要大规模改变人才管理方式，它们需要系统性地学习、测试和更进一步发展。它们中的很多组织已经或多或少实践了本书前几章所描述的人才管理策略和做法。但是那些传统的层级制组织怎么办呢？它们应该，或者能够改变自身的人才管理方式吗？

　　如果它们还没有改变，至少有一件事情是它们可以做的，就是采用那些具有普适性的帮助组织提升绩效的最佳实践，这类实践做法既适用于传统组织，也适用于敏捷的、员工参与度高的组织。它们的范围涵盖了绩效管理体系改进、建立基于有效数据的人才吸引和甄选体系，以及建立能够激发提升绩效积极性的奖励体系。

　　当今在信息技术和信息系统领域内的变化使大多数组织，甚至是采用传统管理方式的组织，都有可能极大地改进它们的人才管理实践和体系。信息技术和信息系统可以让人才管理实践和体系效率更高、反应更迅速、分类更细，以及操作更人性化。但是对于传统型的组织，除非它们在组织架构和管理方式方面做出改变，否则它们不会从人才管理实践的变革中得到相应的好处——事实上，采用某些做法反而会使它们无法正常运作。主要原因就是，这些做法旨在使人才成为组织效能的关键来源之一，而传统的层级制组织根本无法实现它们。因此，本书中所提到的一些人才管理方面的变革可能在传统的层级制组织中不会那么有效。例如，薪酬公开可能会导致猜疑，类别细分化可能会造成行政管理工作复杂化且难以应对，这些都会造成员工的不满；为技能付薪和让同级同事参与绩效回顾和甄选决策则可能会对绩效和人才敬业度产生负面影响。

总体来说，许多传统的层级制组织可以，也最应该改变它们的人才管理方式，但人才管理方式的改变不应该是单独某一项的改变，它应该是人才管理整体变革的一部分，组织的目标是改变"五星"模型（见图 8-1）中的各个点。只改变"五星"模型中的一点或两点反而可能降低组织效能。同样，只改变一个或几个人才管理做法也不太可能对组织效能产生显著的积极影响。

现实是，传统组织需要大规模地改变它们的管理方式，从而有效地重塑它们的人才管理实践。言外之意是，要想通过人才管理变革来构建战略性的人才管理流程和实践体系，那么这一变革过程不能由 CHRO 和人力资源职能来领导，它应该由 CEO 和最高管理层来领导。理由很明确：变革需要涉及整个组织，并会影响多个体系。当然，人力资源职能部门需要扮演一个非常关键的角色，它要成为内行的专家智囊，在时机成熟时乐于改变并渴望改变组织的人才管理体系。在传统的管理模式和组织架构中，不能也不应该单独开展人才管理体系变革。在这种情况下，组织必须将其作为整体组织变革的一部分，并且这一变革必须获得高级管理层的支持。

关于战略性的人才管理变革，还有一个要点值得反复强调。**在大多数组织变革活动中，人才管理变革不应该是孤立的，它最好被定位为整体变革活动的一部分，同时要覆盖"五星"模型上的全部五点；人才管理变革也不应该是打头阵的变革，它最好被定位为创建"具有敏捷性的、高绩效的并且由战略驱动的组织"的相关活动中的一部分；人才管理变革也要能够适用于在重塑人才管理方面需要做跟进性变革的情形，从而使它也能够被用于那些已开始实施员工高参与度管理模式的组织。**

本章小结

组织应以创新的方式管理人才，并努力使个人对组织的贡献最大化，重塑人才管理的时代已经来临。人才是组织所拥有的越来越重要的资产，组织对人才的管理方式必须能够使人才得到增值，同时也能够对人才进行有效利用。要做到这一点，只有通过以下方式才能实现：**采取更具战略性的人才管理方式，放弃那些数十年来被奉为最佳实践、标准流程的传统方法**。在实践中，没有任何单项的变革可以使人才管理体系在战略层面成为组织效能的关键贡献者，要实现这一目标，组织就必须采用一套具有整合性且由战略驱动的原则和实践，同时这套原则和实践还要真正认可人才是组织的重要资产，并能使人才对组织效能的贡献最大化。**组织需要拥有一套全面而综合的人才管理原则和实践，它们受组织的战略驱动，同时也在驱动组织的战略前行。**

::: 鸣　谢 :::

　　我非常幸运地曾经有机会与许多伟大的管理学思想家共事，他们对我在人才管理和组织方面的思考产生了很多影响。在这里我很想对其中几个主要人员表示感谢。

　　在我读研究生的时候，我很幸运遇到莱曼·波特（Lyman Porter）作为我的导师、领导以及朋友。这种关系我们已持续了五十余年，他对我在激励和满意度方面的思考与工作产生了巨大影响。

　　我的第一份"工作"是在耶鲁大学，在那里我遇到了克里斯·阿吉里斯（Chris Argyris），他对我关于组织效能以及如何让组织研究更有用等方面的思考产生了巨大影响。

　　我第一次担任高级教员是在密歇根大学（University of Michigan），我在那里的社会研究所（Institute for Social Research）任职了一段时间，领导一个研究项目。这是一段很美好的学习经历，在那里我有幸和罗伯特·卡恩（Robert Kahn）还有斯坦利·西肖尔（Stanley Seashore）共事，并学习到了实地调查研究和组织变革方面的知识。

　　在南加利福尼亚大学（University of Southern California），我曾有机会与领导力和组织发展大师沃伦·本尼斯（Warren Bennis）一起工作。我在高效组织研究中心（Center for Effective Organizations）的工作让我有幸可以和一些优秀的企业和学术界的管理思想家合作，这本书很多观点的提出都得益于我和他们之间的关系。在南加利福尼亚大学，我做了数以百计的关于人才管理的研究，这些研究成果所导出的原则和实践是本书所倡导的重塑人才管理方法的基础。

关于作者

爱德华·E.劳勒三世毕生致力于研究人才和组织的关系。他的第一份工作是在读研究生期间于加利福尼亚大学伯克利分校研究激励和满意度。现在，他是南加利福尼亚大学马歇尔商学院特聘教授。他于1978年加入南加利福尼亚大学，在1979年成立了该大学的高效组织研究中心并成为该中心的负责人，该中心已被《财富》杂志和其他出版物视为全球顶尖的管理学研究中心之一。

爱德华为人力资源管理、薪酬、组织发展和组织效能的理论研究和实践做出了巨大贡献。美国《商业周刊》（*Business Week*）认为他是最优秀的六个管理大师之一；美国《人力资源主管》（*Human Resource Executive*）杂志称他为人力资源领域最具影响力的人之一；美国《人力》（*Workforce*）杂志则把他誉为20世纪25位高瞻远瞩的人之一，他们影响了当今工作场所的发展。他获奖无数，是第一个获得人力资源管理协会颁发的迈克尔·R.洛赛（Michael R. Losey）大奖的人。他被许多政府和公司聘请为顾问，其中包括大多数《财富》100强企业。

爱德华常常出现在电视节目中，包括CNBC、CNN、MSNBC和NBC的《今天》（*Today*）栏目。他也频繁地为全球各地的高层及中层管理者做演讲。

爱德华至今已撰写400余篇文章，出版了50本书。他写的关于人才管理的书《人才：使人才成为你的竞争优势》（*Talent: Making People Your Competitive Advantage*）（2008）是一本畅销著作。《重塑人才管理》不仅对上一本书做了一些更新，还重新定义了人才管理的最佳方法。爱德华在人才管理政策和实践方面所做的全球性研究，以及对于在组织、人与技术等领域中正在发生的变化所做的研究，都是本书的成书基础。

如果想了解更多信息，你可访问爱德华的网站：http://www.edwardlawler.com/，高效组织研究中心网站：https://ceo.usc.edu/。

当今世界，变化实在太快。"眼见他起高楼，眼见他宴宾客，眼见他楼塌了"的情景，越来越平常。人们已很少再唏嘘"昨天还在说着的独角兽企业，今天怎么就消失了"。在技术层面，互联网、AI、大数据等发展飞速，人们的生活与工作方式在短短几年内突然具备了无数的可能性。而企业——商业世界的细胞，无论规模大小，都面临着商业竞争环境、人才供给环境等方面的巨变。

企业刚刚发现的机会、具备的独特竞争能力，可能因为某些人员的离职而成为别人的成功机会，自己只能黯然兴叹。在知识时代，企业即使拥有人才，也不一定能得到他们的能力，更不必说他们甘愿付出的心力。人才管理，正在成为越来越需要被企业正视的重要议题。我在为企业提供咨询和培训服务的过程中，看到了相当多来自企业的困惑——人力资源工作，有老板的重视，有来自名企的资深专业 HR 的操盘，有借鉴最佳实践建立起来的体系，为什么业绩无变化，员工仍懈怠，那些刚刚得到加薪晋升的关键人才还是离企业而去？新媒体不断涌现，新生代与传统管理模式间冲突不断，企业该如何应对这些层出不穷的新状况？

在这样的背景下，爱德华·E.劳勒三世教授的新作就显得格外有价值。以往的经验已然不足以应对新场景了，人才管理需要被重塑，那么组织应该怎么做？随着对内容的深入翻译，我越来越感受到本书的价值，可以说，这是一本非常实用的 VUCA 时代人才管理工作的指引手册。

本书的内在逻辑主线非常清晰：以终为始，一明、两暗，三条主线。

"人才管理"职能运转的起点就是企业战略。企业之所以需要"人才管理"，究其根本，是因为企业需要通过"人"完成工作来达成使命、产出绩效，而且要比竞争对手速度更快、质量更高地实现目的。相应地，"人才管理"职能的运转是否被有效衡量，应由也只能由它是否有助于企业战略的实现、是否有助于企业竞争优势的加强来体现。

企业战略的落实过程包含三个元素：事——"工作"；人——"工作者"；承载"事"与"人"的平台——"组织"。三个元素中的任何一个发生变化，都将对其他元素产生影响，由此使人才管理体系变得更有效或相反。本书以工作、工作者与组织这三个元素所面临的六大变化为基础，按照这些变化对"人才管理"举措影响的重要性和变化的发展速度两个维度做了分析。而这六大变化，成了全书关于人才管理的新原则与实践存在的重要背景。

交代清楚背景后，本书便进入具体的重塑人才管理的原则和实践部分。在这部分，书中有一明、两暗三条主线值得关注。

明线是人才管理（人力资源管理）的常规模块——吸引人才、甄选人才、发展人才、奖励人才、绩效管理，以及这一职能本身的组织设计（组织保障）。在每一模块中，作者都结合"原则"分析了这一模块常见的"最佳实践"，帮助企业的管理者和 HR 理解，在诸多变化之中，如何分析企业自身的"人才管理"体系，哪些必须要变，又有哪些不能变。

暗线之一是"资源运营"，关键词是"高效"。如前文所述，人才管理的起点与终点就是"高效"实现组织战略目标、加强组织竞争优势和提高组织绩效水平。在日常经营中，组织的业务难免会产生一些变化，可能会因业务量激增导致的人手不足而增员，也可能因业务调整导致的人员冗余而裁员；当组织需要加强自身的某种战略能力时，培养内部已有员工是一种方法，与外部成熟的专业机构或人员合作也是一种方法……组织需要通过权衡这些方法的投入产出比来决定使用何种策略。在阅读本书时，你会发现作者是将"工作者"（人才）视为"资源"来进行分析的，目的就是要探究出在不同商业背景下，如何找到投入产出比最优的那种资源使用方式，如何保障实现这一最优方式，以及如何在应对变化的同时，保持最优的投入产出比。

暗线之二是"尊重个人"，关键词是"人性"。将"人才"视为"资源"，并不意味着忽视"人性"，相反，要最高效地使用"人才"这一资源，组织就必须关注关键人才"人"的一面，激励他们、留住他们。你在书中将会看到贯穿始终的理解"人性"、尊重"人"之差异、关注"人"之期望，并据此进行激励与管理的理念。要知道，爱德华·E. 劳勒三世是期望激励理论的提出者，他本人的研究领域横跨心理学、行为科学、人力资源管理领域，对"人"的关注是他研究成果的特征。本书延续了他关于"通过企业的高投入而建立的雇主与雇员间的信任合作关系，是企业竞争力的最终来源"的观点。

在阅读本书时，你可能和我一样，经常会产生一种"这观点我见过"的感觉。没错，近些年，不论是学者还是知名企业中的管理大咖，都提出了很多突破传统的人才管理原则与实践。只是，我们看到的经常是碎片化的、非体系的，而本书用上面所说的明暗三条线为我们呈现了一个逻辑严谨的分析结构——从人才管理体系的起点到最终产出的衡量，从工作者与工作、组织之间的相互作用到人才管理各模块之间的相互影响，这本书使我们可以将这些 VUCA 时代的人才管理实践与其应用背景、适用条件以及它们彼此之间的勾稽关系形成一张总图。

比如，本书的第 3～7 章，分别是人才管理的五大模块，每一章都涉及它与其他几章主题的相互影响。这也是本书的一大特点，本书强调：人才管理的各项工作虽然都有着独立、边界清晰的流程，但是绝对不存在独立发生作用的模块，每一模块的变动，都会对其他模块产生或正或负的影响。因此，人才管理职能的决策者、执行者必须站在更高的层面上，寻找不同人才管理实践之间的合力最大的点（资源使用最优化）。

本书由 HR 转型突破中心参译院翻译小组完成翻译，其中，序及第 1～3 章由何缨女士翻译，第 4～6 章由张洁敏女士翻译，第 7～9 章由谈茜婧女士翻译，我本人作为小组负责人，完成全书的统稿审校工作。

关于译文，对以下几点需要再进行一些说明。

（1）关于"工作形态"。

本书的英文原书标题为 *Reinventing Talent Management：Principles and Practices for the New World of Work*，书中亦多次出现"the world of work"，字面意思是"由各种工作构成的世界"，即指工作的多种构成形态，包括不同的工作内容、时间、地点、完成方式等诸多要素、诸多组合，因此我们在本书中将其译为"工作形态"。

（2）关于"HR 职能"与"HR 部门"。

本书的英文原书在提及人力资源工作在组织层面的表述时，全部使用的是"HR Functions"（人力资源职能）而非"HR Department"（人力资源部），仅在第 3 章用奈飞等公司举例时出现了一次"HR Department"。

第 1 章和第 8 章涉及人力资源职能的组织架构问题，为便于理解，我们在第 1 章中采用常规译法，将"HR Functions"译为"HR 部门"；第 8 章涉及 HR 职能的拆分，故按原义将"HR Functions"译为"HR 职能"。

说远一点，在 2014 年，拉姆·查兰一篇名为《是时候分拆人力资源部了》的文章掀起轩然大波，人力资源领域的顶尖大师戴维·尤里奇（Dave Ulrich）、约翰·布德罗（John Boudreau），德勤贝新创始人兼首席执行官乔什·贝新（Josh Bersin）、宝洁前首席人力资源官理查德·安东尼（Richard Antoine）等人就此发起了关于人力资源部拆与不拆的"论战"。但现在，对于这一点已不再有什么争论，不仅仅是学者，也有越来越多的企业已经意识到"人力资源管理"本身是一个职能，只要企业中有人，这一职能就是不可或缺的。人力资源管理职能并不必然等于人力资源部门，相反，这一职能中需要由企业高层、业务部门管理者来承担的责任越来越明晰。因此，人才管理是多个部门的工作，并非仅是人力资源部门的工作。

（3）关于"VUCA 时代人才管理的六大原则"。

第 2 章原标题为"Strategic Talent Management"，字面意思是"战略性的人才管理"。考虑到这一章所提出的六大原则是贯穿其后各章的主线，第 3～8 各章小结中均以此六大原则作为总结维度，所以，我们将标题定为"VUCA 时代人才管理的六大原则"。

另外，关于原则一"战略与人才的双向驱动"，它的原文为"Talent Management Should Be Strategy Driven"，字面意思是"人才管理应由战略驱动"。如作者所说，人才管理要服务于战略，这是毋庸置疑的，但是作者在这一原则中着重强调的、有异于传统人才管理理念的观点远不止这么平淡。作者提出，战略与战略能力之间是双向箭头，也就是说，因为战略能力在当今组织中不可避免地与"人才"紧紧关联在一起，所以企业不可以再忽视"人才"对"战略"的反作用。基于此，我们将原则一译为"战略与人才的双向驱动"。

（4）关于"译者注"。

书中用以举例的企业主要是美国企业，对于国内读者而言可能比较陌生。考虑到关于人才管理举措的例子往往与企业背景有较强的关联性，我在统稿过程中针对那些国内读者可能不甚熟悉的相关企业、人物及特定领域的专业名词，采用了"译者注"的形式加以说明，希望能为读者提供些许便利。

最后，衷心感谢机械工业出版社华章公司的李文静、王宇晴老师耐心、严谨、细致的专业支持。因时间和水平限制，译文中错漏之处在所难免，恳请读者来邮批评指正。我的邮箱是：zengjia@ihrbp.cn。

曾佳

2019 年 5 月

欧洲管理经典 全套精装

欧洲最有影响的管理大师
（奥）弗雷德蒙德·马利克 著

ISBN: 978-7-111-56451-5　　　ISBN: 978-7-111-56616-8　　　ISBN: 978-7-111-58389-9

转变：应对复杂新世界的思维方式

作者：应秋月　ISBN: 978-7-111-57066-0 定价: 79.00元
在这个巨变的时代，不学会转变，错将是你的常态，
这个世界将会残酷惩罚不转变的人。

管理：技艺之精髓

ISBN: 978-7-111-59327-0 定价: 59.00元
帮助管理者和普通员工更加专业、更有成效地完成
其职业生涯中各种极具挑战性的任务。

公司策略与公司治理：如何进行自我管理

ISBN: 978-7-111-59322-5 定价: 59.00元
公司治理的工具箱，
帮助企业创建自我管理的良好生态系统。

正确的公司治理:发挥公司监事会的效率应对复杂情况

ISBN: 978-7-111-59321-8 定价: 59.00元
基于30年的实践与研究，指导企业避免短期行为，
打造后劲十足的健康企业。

战略：应对复杂新世界的导航仪

ISBN: 978-7-111-56616-8 定价: 60.00元
制定和实施战略的系统工具，
有效帮助组织明确发展方向。

管理成就生活（原书第2版）

ISBN: 978-7-111-58389-9 定价: 69.00元
写给那些希望做好管理的人、希望提升绩效的人、
希望过上高品质的生活的人。不管处在什么职位，
人人都要讲管理，出效率，过好生活。

读者交流QQ群：84565875